花上嘉成氏撮影の
東武鉄道車両

500系

運転初日の500系特急リバティ「会津田島・東武日光」行き
2017(平成29)年4月21日　浅草〜とうきょうスカイツリー

🚃 50050・30000・20050・350・200・100系

（左から）50050・30000・20050・350・200・100系／2008（平成20）年11月30日
南栗橋車両基地

（以下、車両の系列名は写真の左から紹介）

🚃 5700・6050・300・1800・200・1720・100系

優等車新旧勢ぞろい　5700、6050、300、1800、200、1720、100系／1991（平成3）年　春日部検修区

1800・300・350・1800系(改)・200系

1800系から生まれた300、350、1800系(改)、そして200系へ／2005(平成17)年10月20日
南栗橋車両基地

100系 JR新宿駅に乗り入れる100系スペーシア／2006(平成18)年3月18日　新宿

200系 200系急行「りょうもう」就役、201編成
現在は特急／1991（平成3）年2月　多々良～館林

300・6050・500系
賑やかな東武日光。300系特急「きりふり」、6050系普通、
500系特急リバティ／2018（平成30）年5月26日

1800系

1800系。浅草を発った急行「りょうもう」／1981（昭和56）年　浅草〜業平橋

350系

宇都宮線1日1往復のみの特急だった「しもつけ」350系4両／2007（平成19）年10月29日　国谷〜壬生

1720系

雪の日光連山を背に　特急1720系1721編成／1961(昭和36)年２月　上今市〜下今市

１７００系

末期のスタイル１７００系白帯車１７０３＋１７０４編成。１７２０系特急時代、主に東武日光〜下今市間の連絡特急として使用された／１９７０(昭和45)年8月　東武日光

6050系

6050系6167編成。雪の男体山を後に浅草へ
／2013(平成25)年1月16日　東武日光

634型

スカイツリートレイン634型完成時の顔
／2012(平成24)年9月19日　東急車輛

6000系

6000系快速6連
／1965(昭和40)年10月18日
北鹿沼〜板荷

60000・10030・8000系

アーバンパークライン(野田線)の顔、60000、10030、8000系／2014(平成26)年7月25日　七光台

70000系　メトロ日比谷線乗り入れ車70000系71701編成／2018(平成30)年6月7日　春日部支所

50000系

ズラリ並んだ東上線50000系統50070、50090、50090、50000系（２、１編成）
2008(平成20)年3月23日　森林公園

30000系

30000系31601編成浅草初乗り入れ／1996(平成8)年12月13日

8000・10000系

8000系850形ワンマン車（右）とのちにワンマン化される10000系2両固定11202編成
／2005（平成17）年7月28日　館林出張所

20430系

5扉先頭車（20050系）を3扉化してまで造り上げた20430系21431編成
／2019（平成31）年2月26日　国谷～壬生

20050系

メトロ日比谷線乗り入れ用5扉車20050系
／2005（平成17）年9月2日　春日部検修区

9000系 一部車体を改造してスタイルが変わった9000系（9101編成を除く）／2007（平成19）年4月17日　森林公園

9000系 帯の色を試験中の9000系9101号／1981（昭和56）年　アルナ工機

8000・7800系・5700系

夏の東武日光は「たびじ」で賑やか（8000、7800系、5700系）／1984（昭和59）年6月　東武日光

8000系・10000系

雪の日、8000系から10000系へバトンタッチ／1984（昭和59）年1月　春日部検修区

モハ7860・クハ860形

モハ7860・クハ860形塗装試験車展示風景（左）7861、7862、7863, 7864編成
このなかからインターナショナルオレンジにミディアムイエロー（帯）の7863+863に決められた
／1958（昭和33）年　業平橋

5310系

かつての特急車5310系　2扉から3扉、ロングシート化されて野田線へ
／1971（昭和46）年10月　梅郷～運河

2080系

2080系2182編成／1992(平成4)年9月23日　七光台検修区

2000系

最初のオレンジとベージュ色の2000系群に、新塗装のセイジクリーム色編成が加わってくる／1975(昭和50)年1月14日　春日部検修区

C11 207号機

勾配、曲線区間の多い鬼怒川線を行く蒸機列車
／2017(平成29)年6月9日　大桑～新高徳

キハ2000形

熊谷線　熊谷線最後の日
／1983(昭和58)年5月31日　大幡

超！探究読本

誰も書かなかった
東武鉄道

渡部史絵［協力］花上嘉成

河出書房新社

貴重な〝蔵出し〟資料とともに新たな魅力と歴史を知る――まえがき

数ある鉄道会社のなかで、私にとってとくに親しみのある鉄道会社は東武鉄道である。幼い頃から利用してきたことに加えて、10年以上前から東武鉄道の伝道者と呼ばれる花上嘉成《はなうえよしなり》氏と、お仕事でご一緒させてもらっているからだ。

取材やイベント、講演など花上氏と会話を交わすなかで、より東武鉄道に親近感が湧き、一層愛着をもつようになった。また、うかがった話には、東武鉄道の長い歴史のなかでもいまだ公開されていない情報や紆余曲折《うよきよくせつ》あった車両の設計や運用エピソードなどが数多くあった。

気になった話はメモに書き留めていたのだが、やがて、これらをまとめることができたら、今までにない東武鉄道の本が誕生するのではないかと思うようになった。

花上氏からの情報メモや、私のもっている資料や現地取材で知り得た情報がそうとう蓄積してきたことで、花上氏に思い切って「『誰も書かなかった東武鉄道』の本を書きたい！」と相談をもちかけた。何度もお話を重ねていくなかで、花上氏のご協力をいただけることになり、この本が誕生することとなった。

花上氏から提供していただいた資料や写真は膨大な数にのぼり、そのすべてを一冊の本でお伝えすることはとてもできない。それでも、鉄道ファンや東武鉄道に特別な愛着をもっている読者の方に、とくに興味をもっていただける情報やエピソード、貴重な写真の数々を精選したつもりである。その結果、現在活躍している東武の車両をはじめ、名車の誕生秘話や苦労話、また未発表のデザイン案も含めて、驚く内容ばかりとなった。

高度経済成長とともに、日本の鉄道は大きく成長してきた。本書では、過去にどんな困難にぶつかっても前進を続け、地域に根をはり、地道に母体を成長させてきた鉄道会社「東武鉄道」の舞台裏を、可能な限り、初めて知る事実とともにお伝えすることに努めた。

まさに、今まで誰も書かなかった、新しい目線から見た東武鉄道であり、それを知ることによって、ますますファンが増えることは間違いないであろう。

本書を通して東武鉄道への愛着が増し、東武鉄道の素晴らしい歴史や魅力が語り継がれれば、このうえない喜びである。

最後に、今回の取材や執筆にあたり、最初から最後まで全面協力していただいた花上嘉成氏に深《しん》甚《じん》なる感謝の意を申し上げます。

渡部史絵

東武鉄道路線図

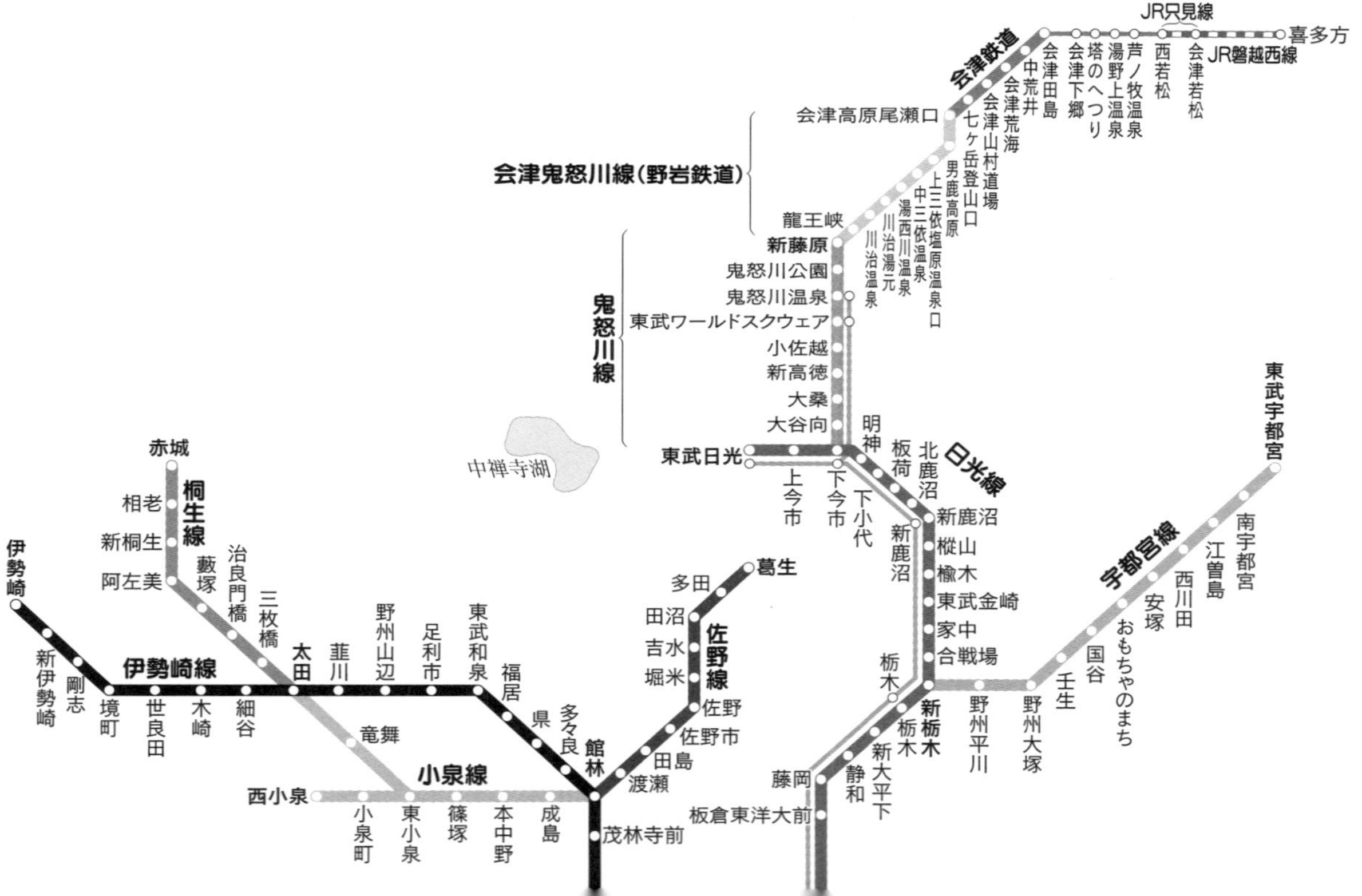

会津鉄道
会津鬼怒川線（野岩鉄道）
鬼怒川線
日光線
宇都宮線
伊勢崎線
桐生線
小泉線
佐野線
JR只見線
JR磐越西線
喜多方
会津若松
西若松
芦ノ牧温泉
湯野上温泉
塔のへつり
会津下郷
会津田島
中荒井
会津荒海
会津山村道場
七ヶ岳登山口
会津高原尾瀬口
男鹿高原
上三依塩原温泉口
中三依温泉
湯西川温泉
川治湯元
川治温泉
龍王峡
新藤原
鬼怒川公園
鬼怒川温泉
東武ワールドスクウェア
小佐越
新高徳
大桑
大谷向
東武日光
上今市
下今市
下小代
明神
板荷
北鹿沼
新鹿沼
樅山
楡木
東武金崎
家中
合戦場
新鹿沼
栃木
新栃木
栃木
新大平下
静和
藤岡
板倉東洋大前
野州平川
野州大塚
壬生
国谷
おもちゃのまち
安塚
西川田
江曽島
南宇都宮
東武宇都宮
中禅寺湖
赤城
相老
新桐生
阿左美
藪塚
治良門橋
三枚橋
太田
韮川
野州山辺
足利市
東武和泉
福居
県
多々良
館林
伊勢崎
新伊勢崎
剛志
境町
世良田
木崎
細谷
竜舞
西小泉
小泉町
東小泉
篠塚
本中野
成島
茂林寺前
渡瀬
田島
佐野市
佐野
堀米
吉水
田沼
多田
葛生

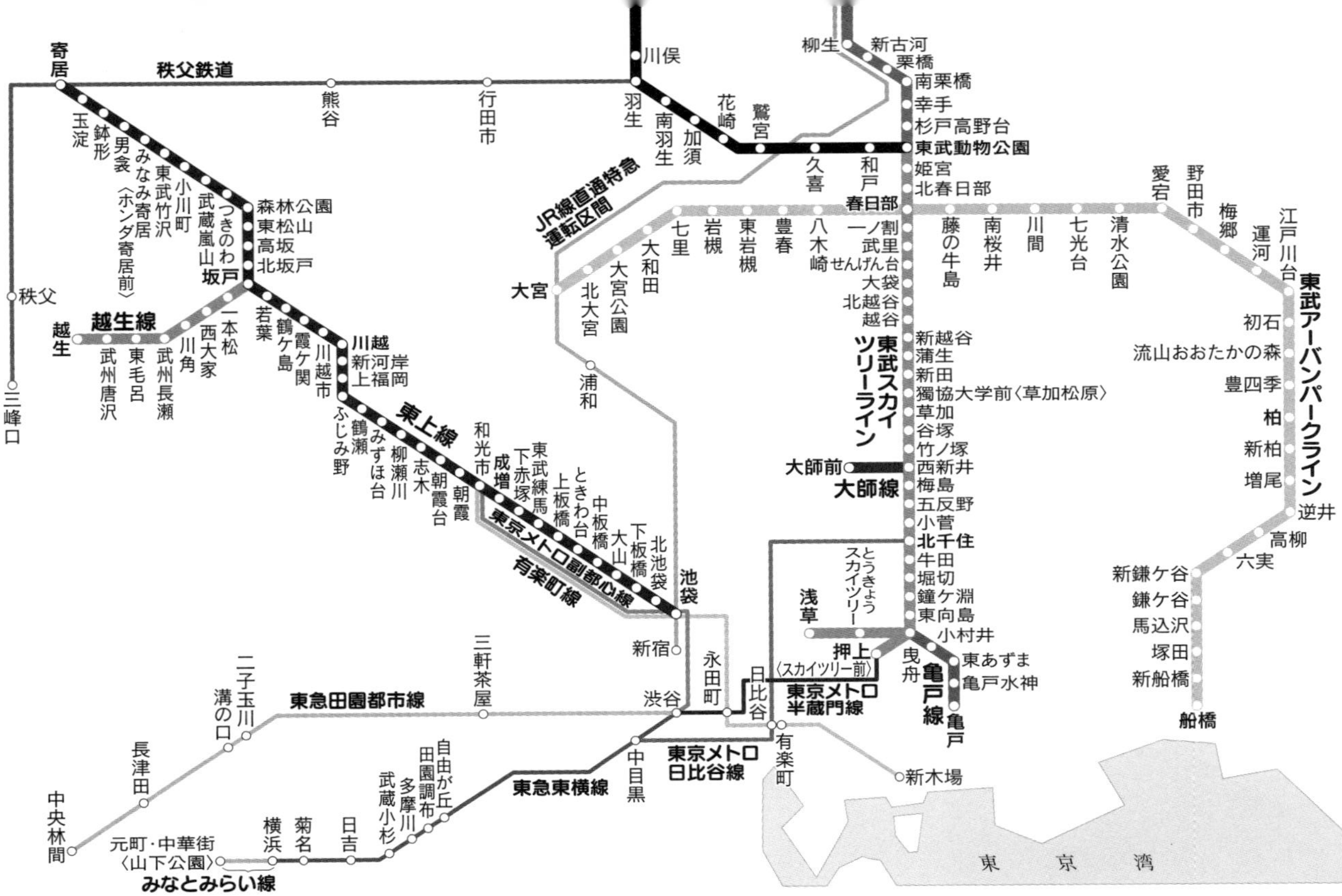

秩父鉄道
寄居
熊谷
行田市
羽生
秩父
三峰口
玉淀
鉢形
男衾
みなみ寄居〈ホンダ寄居前〉
東武竹沢
小川町
武蔵嵐山
つきのわ
森林公園
東松山
高坂
北坂戸
坂戸
越生線
越生
武州唐沢
東毛呂
武州長瀬
川角
西大家
一本松
若葉
鶴ケ島
霞ケ関
川越市
川越
新河岸
上福岡
ふじみ野
鶴瀬
みずほ台
柳瀬川
志木
朝霞台
朝霞
和光市
成増
下赤塚
東武練馬
上板橋
ときわ台
中板橋
大山
下板橋
北池袋
池袋
東上線
東京メトロ副都心線
有楽町線
新宿
川俣
南羽生
加須
花崎
鷲宮
久喜
和戸
柳生
新古河
栗橋
南栗橋
幸手
杉戸高野台
東武動物公園
姫宮
北春日部
春日部
JR線直通特急運転区間
大宮
北大宮
大宮公園
大和田
七里
岩槻
東岩槻
豊春
八木崎
一ノ割
武里
せんげん台
大袋
北越谷
越谷
浦和
新越谷
蒲生
新田
獨協大学前〈草加松原〉
草加
谷塚
竹ノ塚
西新井
梅島
五反野
小菅
北千住
牛田
堀切
鐘ケ淵
東向島
小村井
東あずま
亀戸水神
亀戸
亀戸線
曳舟
東武スカイツリーライン
大師前
大師線
とうきょうスカイツリー
浅草
押上〈スカイツリー前〉
東京メトロ半蔵門線
藤の牛島
南桜井
川間
七光台
清水公園
愛宕
野田市
梅郷
運河
江戸川台
初石
流山おおたかの森
豊四季
柏
新柏
増尾
逆井
高柳
六実
新鎌ケ谷
鎌ケ谷
馬込沢
塚田
新船橋
船橋
東武アーバンパークライン
永田町
日比谷
有楽町
新木場
渋谷
三軒茶屋
二子玉川
溝の口
長津田
中央林間
東急田園都市線
中目黒
東京メトロ日比谷線
東急東横線
自由が丘
田園調布
多摩川
武蔵小杉
日吉
菊名
横浜
元町・中華街〈山下公園〉
みなとみらい線
東京湾

日光軌道線（1968年廃止）路線図

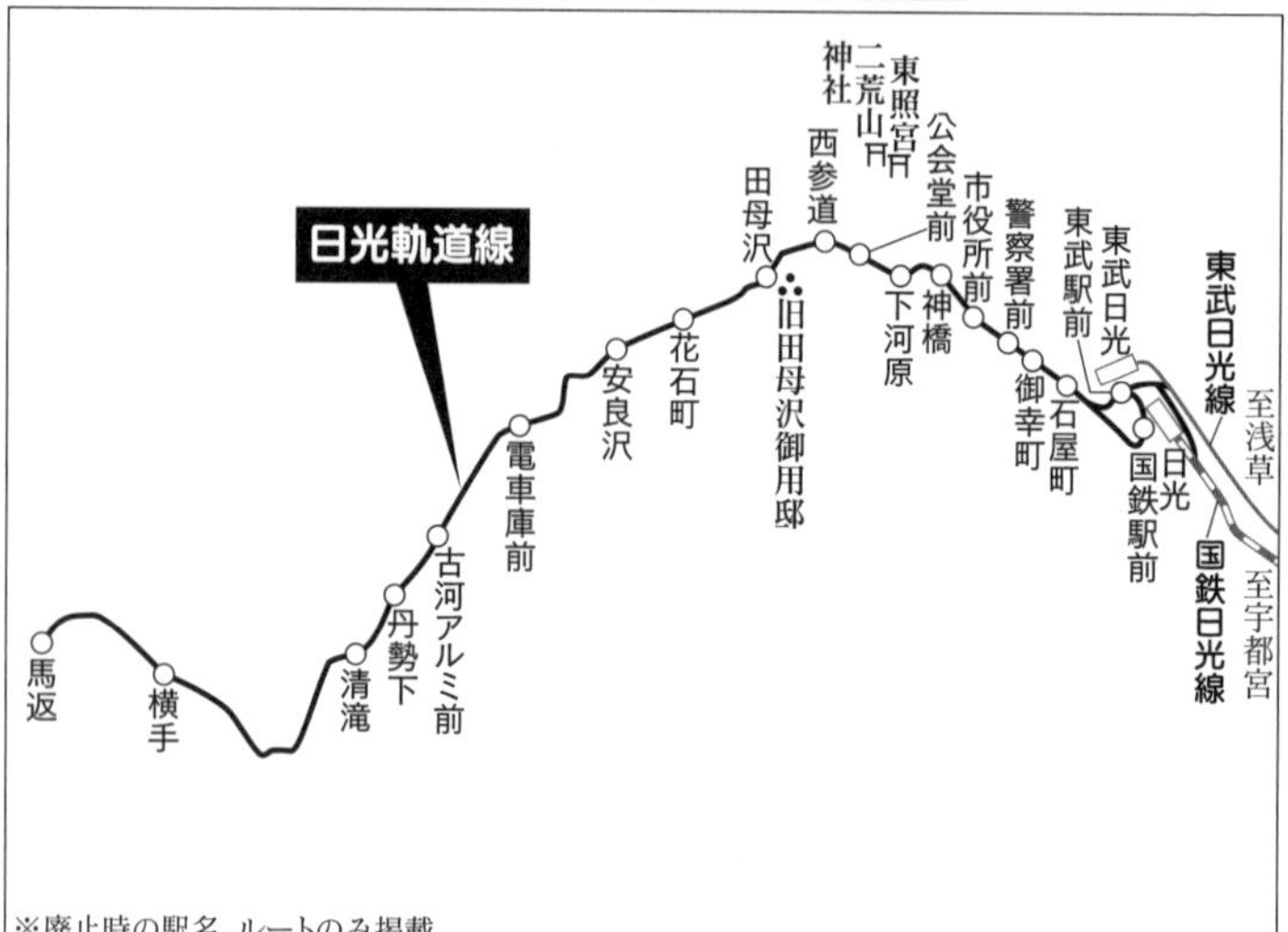

※廃止時の駅名、ルートのみ掲載

伊香保線（1956年廃止）路線図

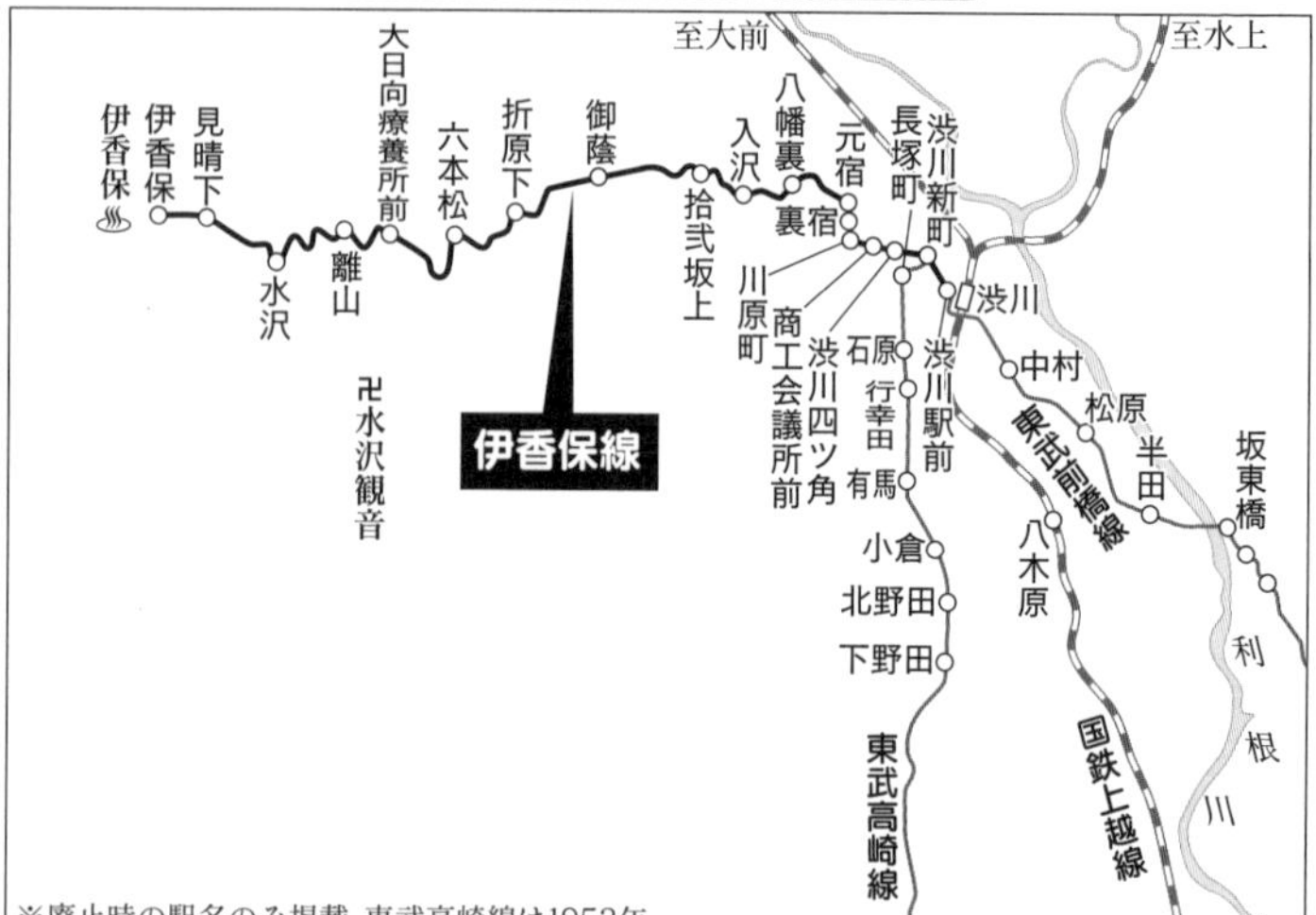

※廃止時の駅名のみ掲載。東武高崎線は1953年、
東武前橋線は1954年に廃止

熊谷線（1983年廃止）未成区間の計画概略図

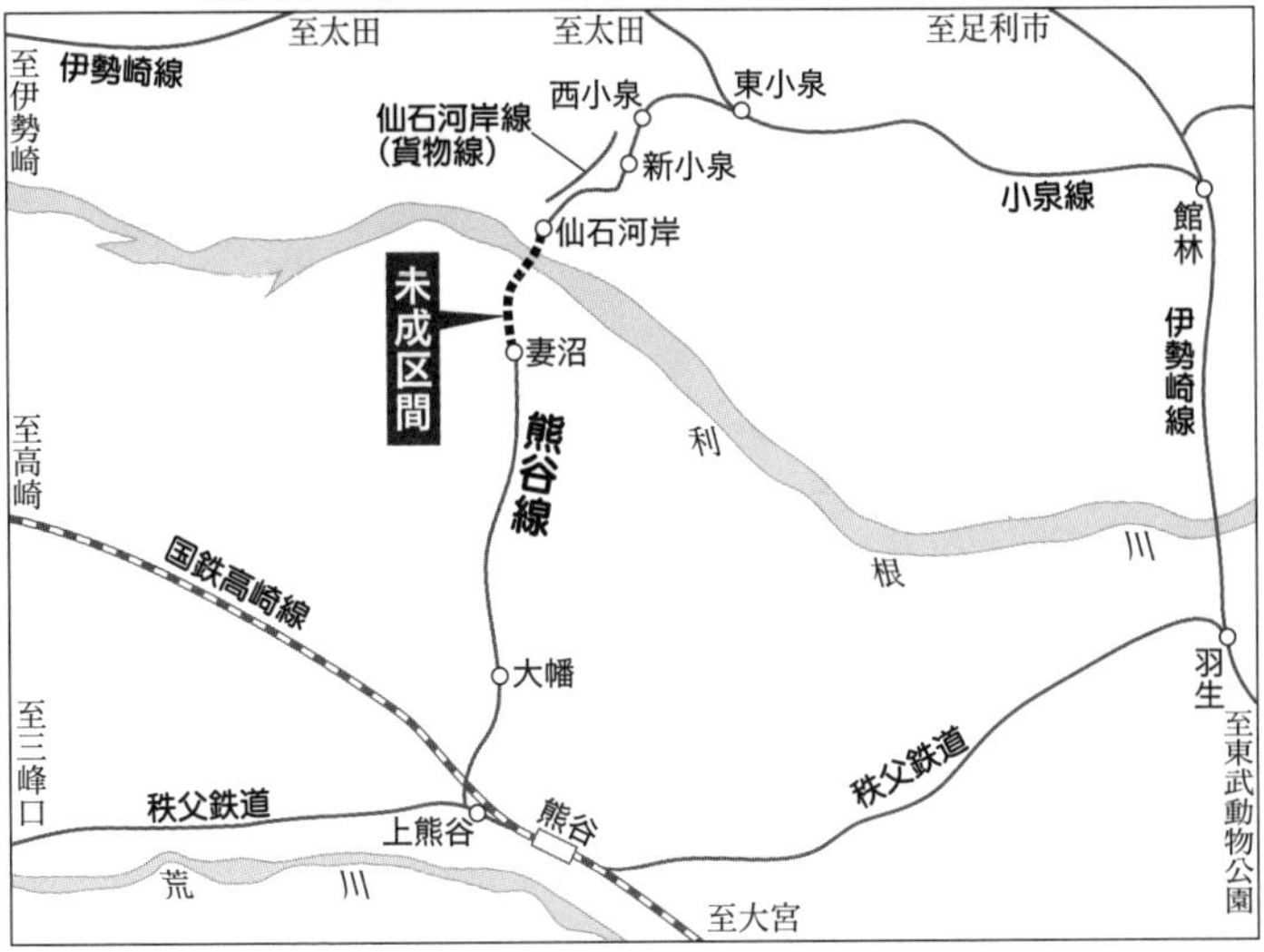

西板線の計画概略図

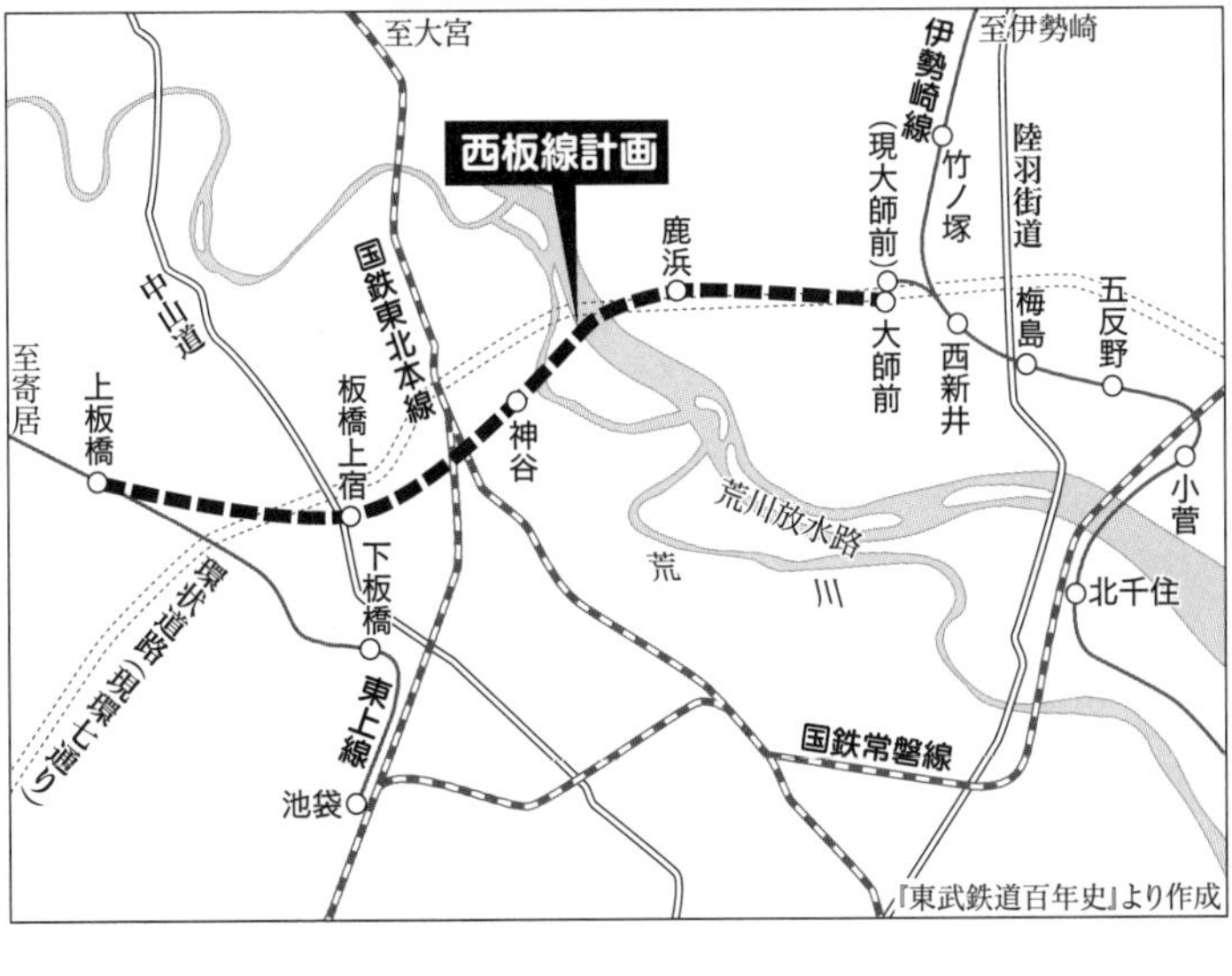

1章 東武の「いま」を探究する
より快適に、スタイリッシュであるための挑戦とは

2章 輸送力アップの進化論
変化する社会・経済のニーズにどう応えてきたのか

3章 あの駅、この車両の裏面史

今となっては想像できない、知られざる「あの頃」

4章 深掘り！ 魅惑の東武博物館
開館秘話や驚きの展示アイデア…を知り尽くす

5章 SL復活プロジェクトの真実
難問へのチャレンジで始動した情熱の物語

6章 今に息づく名車の技術と歴史
細部に宿る「東武らしさ」をあらためて発見する

カバーデザイン●スタジオ・ファム
カバー写真●(上)traway／PIXTA
(下)花上嘉成提供
地図版作成●AKIBA
イラスト・巻頭口絵レイアウト●青木宣人

※本書における車両の「系」「形」「型」の表記の使い分けや、東武鉄道の施設名称などは、
花上嘉成氏のご教示に基づいておりますが、
文献によって表し方が異なる場合がありますことを、ご了承ください。

1章

東武の「いま」を探究する

より快適に、スタイリッシュであるための挑戦とは

絶頂バブル期を象徴する、日光線特急列車の知られざる構想

1988（昭和63）年頃、東武鉄道本社内にて、日光線特急列車（デラックス・ロマンスカー）の代替車両の検討がされていた。新型車両設計の条件としては、最高速度120㎞／h（浅草〜東武日光間）に対応し、多様化していく旅客ニーズに応えるため、アコモデーション（車内居住空間）に変化をもたせたロマンスカーとすることであった。

そのため、さまざまな検討がされていたなか、実は、運転席を2階に設置した両端展望車、3号車と4号車をダブルデッカーとした新型車両の原案があったのだ。花上嘉成氏から見せていただいた当時の資料から、次のような事実がわかった。

この新車両は、6両編成（4M2T＝4両モーター車、2両トレーラー車）で、乗車定員は300名を見込んでいた。展望車両とダブルデッカーの案で、とくに展望車は、当時最新鋭車両だった小田急電鉄の10000形（Hi-SE）やJR北海道のキハ183系5100番台が先に登場してしまい、東武プライドとしてボツになってしまったという経緯であった。

現在の印象で考えると、ダブルデッカーと展望車両が1つの編成に収まるのは、利用者にとって、楽しみが2倍になることで、もったいない気がする。のちの100系スペーシアが、コンパートメント（個室）を設置したのはその代案だったのかもしれない。

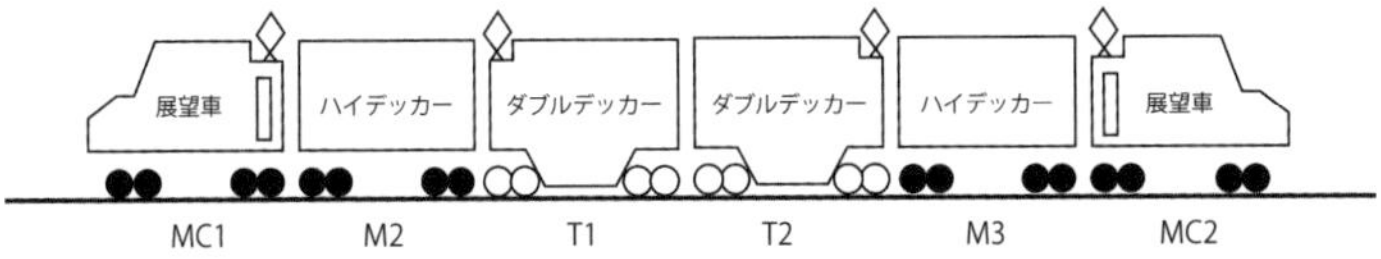

1988（昭和63）年に考案されたと思われる新型ロマンスカーのイメージ

さて、改めて検討し、１９９０（平成２）年、日光線・鬼怒川《きぬがわ》線系統に彗星のごとく登場した１００系特急型電車（愛称「スペーシア」）は、瞬《また》く間に同社を代表する看板列車になった。

それまで活躍をしていた優等列車１７２０系（ＤＲＣ）に代わる形として、１９９１（平成３）年までに全車がこの１００系に置き換えられた。

１００系の設計コンセプトは、「Fast（速く）」「Plesure（楽しい、心地よい）」というもので、まさにそれにふさわしい優美でゴージャスなつくりとなっている。車両としての性能を惜しみなく発揮できるように、６両編成の全車が電動車である。

また、東武鉄道初のオールアルミ合金製の車体で軽量化を図り、スピード感のある流線型の先頭部が特徴的だ。

車体色は、ジャスミンホワイトに窓周りをブラック、レッドの細帯とサニーコーラルオレンジの帯を巻いている。これまでの１７２０系の「力強さ」を増大し、「スタイリッシュ」と「スマート」さが加えられたように思える。

車内の座席は、背もたれが大きいリクライニングシートになり、これが１１００ミリメートル間隔で並んでいる。この広さは、足元にも十分なゆとりをもたせ、長時間座ったままでも快適で、旧車にくらべて疲れ具合が全然違うという。また、座席のヘッドレストにスピーカーが組み込まれていて音楽が楽しめた（現在は撤去されている）。

浅草寄りの先頭車には、コンパートメントが備わっている。これは、私鉄特急では初めて採用されたもので、4人用の個室が6部屋整備されており、ホテルの客室をイメージしている。床面にはカーペットが敷かれており、中心のテーブルは大理石でできている。登場当時は、オーディオ・システムのサービスもあったが、のちに撤去されている。

100系は、高品質のサービスと移動空間を兼ね備え、列車としての性能も申し分ないことと高く評価され、1991年「鉄道友の会」（鉄道愛好家団体）からその年に登場した優秀な車両に贈られる「ブルーリボン賞」を受賞している。

2006（平成18）年からは、東北本線を経由してJR新宿駅まで乗り入れることになった。JRの線路を、東武鉄道の特急が走行する雄姿が眺められる。

JR側も、東武日光まで乗り入れることのできる車両を用意したが、在来の車両に改造を施したもので、100系と比較すると、グレード感はかなり劣るものであった。しかも、コンパートメントは100系にしか設置されておらず、JRは100系の個室を「グリーン車」として、運用をおこなっていた。

2011（平成23）年からは、100系が更新時期となり、新型車両への置き換えも噂されたが、リニューアル工事をおこなうことにより、座席モケットの変更と外観カラーリングの変更（スカイ

鬼怒川温泉乗り入れの記念撮影のため100系スペーシアと顔を合わせた会津鉄道「AIZUマウントエクスプレス」／2005(平成17)年1月18日　鬼怒川公園

花の街道を行く100系特急スペーシア／2006(平成18)年5月　下小代～明神

ツリーを意識した配色で、江戸紫「雅」、隅田川の水をイメージした「粋」、従来のイメージを残した「サニーコーラルオレンジ」）をおこなった。

2015（平成27）年には、日光東照宮四百年式年大祭の記念として、個室（茶室風）を含め特別塗装「金色」をベースとした編成も登場した。100系は2020（令和2）年で登場から30年目になるが、その人気ぶりは衰えることを知らない。

このようなしっかりとした車両を生み出すのも、関東平野最大の営業範囲をもつ民鉄会社のプライドであろう。

感染対策にも有効！ 70090系の座席指定車両

2020（令和2）年の6月6日に登場した東京メトロ日比谷線直通用車両70090系は、従来の車両（70000系）に座席転換機能を備えた車両である。

座席転換機能といえば、東上線で好評だったTJ《ティージェイ》ライナーで使用されている50090系を思い浮かべるが、今回はその日比谷線直通バージョンといったところである。

通勤の移動を、もっと快適にするために座席指定券を販売し、座席定員制として着席を前提とした運用がおこなわれている。

日比谷線の沿線には、銀座・上野といった歓楽街や霞ケ関などの官庁街もある。とくにラッシュ

試運転中の70090系。外観からは70000系と配色パターンが違うのがわかる

中目黒駅構内の引き上げ線から発車する日比谷線直通用70000系車両

マルチシートの普通車仕様パターン。座席はロングシートのように並ぶ
（写真は川越特急）

時間帯の電車ではすし詰め状態になってしまうため、少し料金を上乗せしてでも快適に通勤したい人向けのサービスだ。

座席は転換式マルチシートで、通常運行（各駅停車）時は通路側に向いた座席で、通常の通勤車両のようにロングシートとなり、TH《ティーエイチ》ライナーとして運行するときは、進行方向に2席ずつ転換する。

このような方式は、東武鉄道のほかに京王電鉄（京王ライナー）や西武鉄道（S-TRAIN・拝島ライナー）、東急電鉄・大井町線のQシート車両などにも採用されている。いずれも好評で、通勤のひとときを快適に過ごすことができると、利用者に人気の列車である。

停車駅は、朝の上りが久喜《くき》駅発の恵比寿駅行き（途中：東武動物公園・春日部《かすかべ》・せんげん台・新《しん》越谷《こしがや》が乗車専用駅、上野、秋葉原、茅場町《かやばちょう》、銀座が降車専用駅となり、霞ケ関、虎ノ門ヒルズ、神谷町《かみやちょう》、六本木、広尾がフリー乗降区間となる)。

下りは、霞ケ関駅発の久喜駅行き(途中：銀座、茅場町、秋葉原、上野が乗車専用駅、新越谷、せんげん台、春日部、東武動物公園が降車専用駅。なお、2021年4月12日から6月11日まで期間限定で草加駅に停車)。気になるのは北千住駅の扱いで、上り下りの列車とも停車するが、乗務員交代(東武鉄道と東京メトロ)のためで、客扱いはしない。また、いずれの列車も久喜～西新井駅間は急行線を、梅島～北千住駅間は緩行線を走る。車内の設備としては、携帯電話などの充電が可能なコンセントや、コーヒーなどを置くことのできるドリンクホルダーを設置している。

東武鉄道で初めての地下鉄直通用優等列車であるが、新系列車両は用意されず、あくまで従来の70000系のバリエーションとしてデビューさせたのが、いかにも東武らしいと思ってしまうのは私だけであろうか?

私は、こういった座席指定通勤列車の利点が活かせるのは、現在求められている通勤時のソーシャルディスタンスの確保にもつながると思う。

新型コロナウイルスの影響により、密閉・密集・密接が心配されている通勤ラッシュ時の車内においては、感染のリスクが高まるといわれているが、最近では通常の電車内においても換気システムが十分に働いているほか、窓を開けるなどの対策が施されているため、当初考えられていたよりも実際は、感染リスクは低いと思われる。

座席指定列車の場合、乗客は決まった座席が用意されているので、満員状態で利用することはなく、また座席の売り方によっては、乗客同士の座る位置をコントロールして、ソーシャルディスタンスを確保することも可能なわけだ。

このように座席指定列車を運行する鉄道会社によっては、増便をするなどして、乗客同士の感染リスクを少しでも抑えようとしている。

北関東の私鉄が、シティラインと手を組んだ裏事情

東武鉄道の都心の玄関口は、伊勢崎線系統（東武スカイツリーライン）の「浅草駅」と「北千住《きたせんじゅ》駅」、東上線系統の「池袋駅」だ。2系統とも関東北部方面への玄関口として機能しているが、大手町などのオフィス街とは直結していなかった。

浅草駅と池袋駅が開業した当時は、国鉄山手線の内側は市電（のちの都電）が網の目のように路線を築いており、都心部へは都電に乗り換えるのが常だった。

都心部まで直通するような路線を築けばよいかと思われるが、東京市の政策によって都心部は市営交通が担い、私鉄の乗り入れは認められなかった。

東上線は、山手線と接続しているため、都心部へは比較的スムーズに到達できたが、伊勢崎線は、浅草から都心方面へは、地下鉄銀座線や浅草線、市電に乗り継がなくてはならず、他線とくらべ不利な条件だった。

戦後の復興期に、北千住から東京や新橋への地下鉄道の建設認可を運輸省に申請するが、認可されなかった。国の政策として「山手線内は、営団また都営により地下鉄網を築き、私鉄は地下鉄に乗り入れる」とされたからだ。

これにより、東武鉄道は自社線での都心への乗り入れをあきらめ、営団地下鉄（現・東京メトロ）日比谷線との相互直通運転で、都心方面に乗り換えなしで向かう方法が採られた。日比谷線との相互直通運転は1962（昭和37）年に開始されたが、同時に沿線のマンモス団地「松原《まつばら》団地」の入居が始まり、直通運転開始時から乗客は右肩上がりで増加した。

1970年代になると、伊勢崎線沿線には多くの住宅が立ち並び、東武鉄道の電車も増発をくり返したが、上下線1本ずつの線路の上を普通列車、急行列車、特急列車、貨物列車が走り、輸送能力は限界にきていた（1時間に最大30本ほどの運行）。

さらに、北千住駅は、JR常磐線や営団地下鉄千代田線に乗り換え、上野・東京方面に行くサラリーマンで朝のラッシュは激化し、安全面での問題も浮上した。これに対応するため、1974（昭和49）年に北千住〜竹ノ塚《たけのつか》間を複々線化した。複々線は徐々に延伸され、現在は北越谷まで完成し、民鉄最長の18・9キロメートルとなっている。

複々線化によって輸送力は増したものの、編成両数に問題があった。終点の浅草駅は、8両編成は1番線のみで、2〜5番線は6両編成までしか入線できない。いくら増発しても6両では、増加する乗客への対応は厳しかった。

伊勢崎線から日比谷線への乗り換え客で大混乱のラッシュ時／1979（昭和54）年4月11日　北千住

伊勢崎線の最混雑区間は小菅《こすげ》～北千住間で、多くが北千住で他線に乗り換えてしまうことから、浅草の1つ手前にある業平橋《なりひらばし》駅に10両編成の臨時ホームを新設し、長い編成は業平橋止まりとした。

だが、これでは浅草へ向かう乗客は北千住駅や業平橋駅で乗り換えなくてはならないうえ、10両編成は朝夕のラッシュ時に限られてしまい、抜本的な解決方法ではなかった。

しかし、これを解決する最善策があった。営団地下鉄半蔵門線との相互乗り入れだ。曳舟《ひきふね》から押上まで地下線を建設し、半蔵門線へ直通すれば、一日中10両編成の電車を走らせることができ、さらに都心方面への乗客を分散させられるので、北千住駅の混雑も解消される。2003（平成15）年、半蔵門線との乗り入れが開始され、混雑は大幅に緩和《かんわ》されるようになった。

業平橋駅とは、現在のとうきょうスカイツリー駅で、臨時ホームは、東京スカイツリー®が建つ位置にあった。この駅は、古くから貨物駅として広い用地をもっていたため、ホームが容易に設置できたわけだ。営団地下鉄半蔵門線との直通により、臨時ホームも不要となったことで、跡地に東京スカイツリー®が建設できたのも、相互直通運転のおかげかもしれない。

東武伊勢崎線は、相互直通運転している半蔵門線が東急田園都市線と手を結んでいる。東武鉄道が北関東エリアを制しているのに対して、東急電鉄は、神奈川県と東京を結ぶ大手私鉄路線であり、南関東（横浜・川崎）を営業エリアとしている。

東武・東急ともに、地下鉄を通じて互いのエリアを行き来しているので、東武の電車が川崎市や横浜市で見られることも多い。

東急電鉄といえば、高級住宅街である田園調布《でんえんちょうふ》や若者の街といわれる渋谷が沿線であり、東武鉄道沿線とはまた違った魅力がある。

東上線では、都心をスルーして横浜方面へ一本で（乗り換えなしで）いけることを活かし、「Fライナー」を新設している。東上線・東京メトロ副都心線内を急行で運転し、東横線系統（みなとみらい線）を特急扱いで運転する列車だ。

東上線方面からは、今まで池袋駅や渋谷駅で乗り換えて横浜方面に向かっていたものを、一本で行けるようになったため、所要時間の短縮が図られ利便性が向上した。

地下鉄との相互直通運転は、東武鉄道にとって都心への乗り入れとともにトンネルの向こう側の路線と手を組むことができるため、利点が大きい。ちなみに、東京メトロ半蔵門線と相互直通運転をおこなっている東武伊勢崎線の電車は、もっとも長い距離で、埼玉県の南栗橋駅から神奈川県大和市の中央林間《ちゅうおうりんかん》駅まで、98・5キロメートルの距離を走っている。

あの7300系に、幻のステンレス車両があった！

東武鉄道の8000系車両は、私鉄（JRを除く）の車両数としては最大両数を誇り、合計712両が製造された。まさに、東武の電車といえば8000系といえるほどであった。

そんな8000系は製造期間も長く、1963（昭和38）年～1983（昭和58）年まで20年の長期にわたって製造を続けた。

その目的は、7300系などの旧型車両の置き換えの目的もあったためで、8000系を増やすことで、保守管理の効率化も図りたかったのだと推測できる。そんな8000系にも長期間の製造過程のなかで、構造をステンレス車体に切り替えることが考案されていたが、実現しなかった。

ステンレス車体は腐食に強く、軽量で長持ちしやすい。東武にとって、トンネルの向こう側の会社である東急電鉄では1962（昭和37）年から登場した7000系車両（2000〈平成12〉年に引退）で、すでにステンレス車体を採用していたが、東武鉄道では長らく普通鋼製車体が使用されていて、東急以外の大手民鉄がステンレス車体を採用していくなか、遅ればせながら考案されていたようだ。また、7300系代替車にもステンレス車体化の話があった。

1980（昭和55）年末から1981（昭和56）年には、車両メーカーの「アルナ工機」（現在のアルナ車両）にて車体もつくられていた。当時の写真を見ると、東急8000系の側面に東武8000系のお面がついたようなスタイルだ。

花上嘉成氏によると「7300系更新車（次ページ参照）は、当初ステンレス車体となる計画で、写真のような車両が完成した。東武側はもちろんOKを出したが、経済事情の関係から、ゴー直前に中止となった」とのことである。残念ながらこの車体は保存されず、計画変更により解体されてしまったため、幻と呼ばれる車両となった。

しかし、東武にとってのステンレス車体の登場が遅れたわけではない。時を同じくして1981（昭和56）年に登場したのは9000系車両である。営団地下鉄（現在の東京メトロ）有楽町線との相互直通運転用として、東上線にデビューした東武初のステンレス車両だ。

8000系以来の実に18年ぶりの新型車両の登場ということもあって、8000系とくらべると車両性能やスタイルなどに大きな違いを見せる。

車両コンセプトは、「省エネルギー車体であること。省力化保守に対応できるものであること。経費のかからないものとすること。シンプルなものであること。高性能な電車であること」。そのコンセプトは、当時の他社車両開発とほぼ変わらないが、東武鉄道にとってはこの発想が大きな転換期となる。

幻の7300系ステンレス車体（アルナ工機）

9000系。有楽町線乗り入れ用として登場した東武初のオールステンレスカー／2007（平成19）年7月7日　川越～新河岸

東上線でデビューした9000系は東武のハイテク電車として好評を受け、8000系が多く走る伊勢崎線系統でも、後継として9000系の改良版・10000系の登場へとつながっていく。

10000系が登場したのは1983（昭和58）年からで、車両のスタイルは9000系に準じたものの、正面の貫通扉は8000系に合わせて中央に設置されている。というのも、6両編成や4両・2両編成など、複数のパターンを組みわせて運用に入る都合で、正面に貫通扉がないと車両間の行き来ができないからだ。

しかし、FRP（繊維強化プラスチック）製の丸みを帯びたデザインは、9000系と8000系の中間的な印象があり、車両運用の都合からも性能などは、従来の8000系に準じているように見える。

10000系列は登場以降、1995（平成7）年まで486両製造されたが、製造時期によってバージョンを変えており、1988（昭和63）年からは車体や機器類をモデルチェンジした仕様（10030系）が製造されている。

車体は従来のステンレス製であるものの、当時のJR車両（山手線用通勤電車205系）で採用したようなビート（ステンレス車体に見られたような波線加工）が腰部3本、上部2本に変更されて、前面のライト類の位置の変更などが施され、スマートな顔立ちとなった。

また、同時期に当時としては最新鋭の制御装置であるVVVFインバータ制御装置を搭載した10080系も製造されて、さらに10000系をベースにし、車体長を18メートルにした日比谷線

10000系のイメージイラスト1。現在の10000系とは異なるデザイン。
腰部に2本のラインが入ったもの

10000系のイメージイラスト2。現在の10000系とは異なるデザイン。
(前面部分のラインが変化しているもの)

10000系原型車／2003(平成15)年8月2日　南羽生〜加須

30000系31601F+10000系11250F8両試運転／1996(平成8)年12月15日　東武動物公園〜姫宮

10030系2両固定を3編成組成した6両。パンタグラフはずらり6基の楽しい編成／2003(平成15)年8月2日　南羽生～加須

10030系2両固定。唯一シングルアームパンタを付けた11267編成／2009(平成21)年2月16日　東向島

10030系4両固定11455編成。かつて4両固定は、よく越生線に使用された／2000(平成12)年3月5日　志木～柳瀬川

10000系統に代わる次世代通勤車50000系。50050、50070系の基本になる／2004(平成16)年12月15日　森林公園検修区

直通車両の２０００系シリーズも登場している。

１９９６（平成８）年には、半蔵門線の直通運転に備えて３０００系車両が登場している。いずれも、１０００系をベースとした車体設計がなされており、もしも幻のステンレス仕様の７３００系が登場していたのならば、１０００系以降の車両も、今とは違うスタイルになっていた可能性がある。そう考えると、とても興味深い。

９０００系の登場秘話と、改造に次ぐ改造の歴史

１９７０年代の関東の私鉄や地下鉄に目を向けると、相模《さがみ》鉄道と営団地下鉄がアルミ車両、東京急行電鉄と京成電鉄、都営地下鉄、営団地下鉄がステンレス車両を導入する程度で、まだまだ鋼製車両の製造が主体の時代であった。

１９８０年代に突入すると、８０００系を量産し続けていた東武鉄道に、初となるステンレス車両が誕生する。営団地下鉄有楽町線との相互乗り入れに先立ち、新形式９０００系が１９８１（昭和56）年に製造され、同年に東上線で営業運転を開始した。

９０００系は、８０００系以来の新形式であり、その設計思想として、４Ｓ１Ｈ（セーブエネルギー、セーブメンセス、セーブコスト、シンプル、ハイユーティリティ）という課題のクリアがあった。そのため、それまでの普通鋼とステンレス鋼を徹底的に比較し、車両の性能をはじめとしたさまざ

まな検討をおこなった。

オールステンレスの車体はもちろん、10両固定編成、サイリスタチョッパ制御、回生ブレーキ併用電気指令式電磁直通ブレーキ、各種電気部品のＩＣ使用による省電力化、バランサーつき一段下降窓など、東武鉄道にとって初となる部分の多い車両となった。

初ものづくしであったこともあり、デビュー前に帯の塗装試験もおこなった（口絵の写真参照）。イエロー、グリーン、ブルー、マルーン（栗色、こげ茶っぽい赤）の帯を貼り、結果的にマルーン色の帯が選ばれ、その後１００００系、１００３０系、２００００系、３００００系まで、このマルーン色が採用された。１９９３（平成５）年11月、春日部検修区でおこなわれたステンレス車体帯の変更案試験も、予算の関係もあって、マルーンの帯がそのまま使用されている。

その後は、現在一線で活躍する５００００系統、６００００系統、７００００系統の塗色が加わっている。

９０００系に話題を戻そう。９０００系の第一編成は試作的要素が多く、デビュー後にも運転士からの苦情が多く出ていた。警笛の位置が悪い、コントロールの位置やペダルの踏む位置が悪い、ＡＴＳの抜けが早い、運転しにくいなど、13項目もの苦情が出ていたそうだ。

第二編成以降とくらべて、随所に異なる箇所があるが、外見で判別できる部分として、側面行き先表示器が車端から中央部に移動し、ドア幅の拡大、サイズ変更による車端部座席定員の減少などがある。

有楽町線乗り入れ用9000系試作車9101～9001編成。東武鉄道初のステンレスカー／1981（昭和56）年10月28日　森林公園検修区

最後の川越工場出場車9101編成と「ありがとう川越工場」のヘッドマーク／2020（令和2）年9月17日

第二編成以降が誕生するのは、6年の歳月を経た1987（昭和62）年のことで、相互乗り入れ開始にともない、6編成が増備される。1991（平成3）年にさらに1編成が増備され、車体が当時製造されていた10030系に準じたビードプレス加工となり、側面の印象が大きく変わった。

1994（平成6）年にはVVVFインバータ制御に変更した編成が2本新製されたが、仕様が異なることから90050系と付与された。これで9000系と合わせて合計10編成が誕生した。2008（平成20）年に東京メトロ副都心線が開業するにあたって、改造が必要となり更新工事と併せて実施され、量産編成のトップとなる2番編成から施工された。

試作編成であるトップナンバーは、ドア位置の関係もあって対応改造対象から外れ、ほかの9編成すべてに実施した。車外スピーカー、前部標識灯のHID化、スカートの設置、行先表示器のフルカラーLED化、シングルアームパンタグラフ化など、外見が大きく変化したほか、車内も30000系タイプの座席仕切りや内張りの変更などで一新している。

一方、試作編成は、この開業より東京メトロへの乗り入れ運用がなくなり、東上線内専用となり活躍している。大規模更新を受けていないこともあり、今後の動向が気になるところであるが、2020（令和2）年9月に東武鉄道・川越《かわごえ》工場で定期検査を済ませ、出場試運転がおこなわれた。

この際、奇しくも川越工場が閉鎖してしまうこともあり、川越工場最後の出場車であることを記念して、「ありがとう川越工場」のヘッドマークが工場内で掲げられた。

マルチな特急リバティから読める今後の方向性

500系「リバティ」というと、どうしても6050系を追いやった列車というイメージがあるが、500系車両自体の存在価値は、とても素晴らしいものである。

その利点は、アクティブさにある。3両固定編成で、分割・併合を容易におこなえるため、東日本で最大の私鉄として広大な路線を有し、また支線も多くもっている東武鉄道の使命を果たす、「マルチに使える特急車両」なのだ。

例えば、500系の登場によって、今まで不可能だった線区への直通運転が可能になった。浅草駅発、春日部駅からアーバンパークライン（野田線）に転線し、大宮駅や柏駅に直通する特急「アーバンパークライナー」や、近年は館林（土休日）や赤城へ向かう、リバティ「りょうもう」号として、運用範囲を広げている。

何より、短い3両編成から増結し、6両編成にも組めることから、さまざまな臨時列車としての運用の幅も広がっている。従来ならば、6050系などがその運用には適していたのだが、「普通列車として運用するよりも、これからは着席が約束される座席指定車両のほうがニーズに合っているのではないか？」という考えがあったのかもしれない。

少子高齢化の影響をまともに受けている東武鉄道は、2011（平成23）年に発生した「東日本

めったに顔を合わせない500系特急リバティとDE10 1099号急行南会津／2017（平成29）年7月9日　会津田島駅

大震災」の影響は極めて大きく、日光・鬼怒川などの観光地も大きな打撃を受けてしまった。鬼怒川線に、「ＳＬ大樹」が運行されるきっかけになったのも、観光地としての日光・鬼怒川に、活気を取り戻すための一環といえるであろう。

また、５００系のような座席指定車両の多様化にかんしては東武鉄道に限らず、周辺の他社鉄道も例外ではない。

箱根を観光拠点として運行する小田急電鉄が、東京メトロ千代田線にロマンスカーを直通させたり、秩父を観光地にもつ西武鉄道は新型車両「Laview（ラビュー）」の登場と、レストラン列車の運行など、沿線の通勤・通学の「足」というよりも、「観光」というコンテンツで、沿線地域に貢献する形が強くなってきている。

東武鉄道にとっても、自身の業績を確保しなければならないし、沿線地域にも貢献する「努力」

を続けなければならない。５００系「リバティ」の登場は、今後の東武鉄道の「方向性」にほかならないと感じる。

観光列車を走らせることで、不採算路線を生み出してしまった例では、ＪＲ九州が有名だ。もともと九州は、高速バスの発達が著しく、鉄道は後れを取っていたが、時代の流れと過疎化が進み、観光列車をメインにやってきたことで地元の足としての価値が失われ、現在は主要路線でさえ減便されてしまう事態になってしまった。

観光はあくまで「娯楽」の一部であり、厳しい時代に入って収益を得られるとは到底思えない。あくまで地元としての足を意識しつつ、沿線と一丸となって、その土地の交通機関としてまず何をしていったらいいのかを考えていく必要があるだろう。

５００系「リバティ」は観光用の「特急」という種別で勝負するよりも、通勤用で「特急」「急行」や「区間急行」といった種別を活かし、そのうえで着席サービスが可能な運用を取り入れていったほうが、沿線や利用者にとっては便利な列車になったかもしれない。

花上嘉成氏によると、５００系「リバティ」は、タイプは異なるが当初６０５０系に代わる車両として考えていたといわれる、これが古くなって不評の２００系の代替え案になり、最終的に日光線系統の特急車になった、まさに、気軽に乗れた６０５０系を追いやった特急といえる。こんな検討の変化のなかで、地下鉄線への乗り入れも考えられたが、実現はしなかった。

現在の５００系は、増解結のための貫通扉が付いているが、車両幅の建築限界の都合から半蔵門線のトンネル基準に合わないと解釈できる。半蔵門線直通の特急車両は、100系スペーシアの後継車両と推測できるが、日比谷線直通運転に登場した座席指定列車のTHライナーの利用状況やコロナ禍での需要低下により、その計画がどのような方向に向かうかは不明だ。

東武鉄道は「公共交通機関」として、将来何を残せるのか？ ここ数年で見えてくるであろう。

異色の観光列車634型と、スカイツリートレインの移り変わり

今や、東京のシンボルとして定着する東京スカイツリー®。その運営を東武グループがおこなっているのは有名な話である。その人気にあやかってというか、相乗効果を狙ったプロジェクトとして誕生したのが、「スカイツリートレイン」だ。

東京スカイツリー®へ訪れた人に沿線の風景も併せて楽しんでもらおうと、6050系の2編成4両（6177、6178編成）を観光列車として改造したのだ。

外観塗装は、白地車体に「青空」をイメージした青系の水玉模様の第11編成と、「朝焼け」をイメージした赤系の水玉模様をカラーリングした第12編成で、いずれも、東京スカイツリー®のシルエットが描かれている。

4両とも客席窓を上部方向に拡大し、曲面ガラスを用いた展望窓に改造されている。床面を150ミリメートル高く設定し、見晴らし性を向上している。座席も、リクライニングが可能なシート

634型スカイツリートレイン

634型スカイツリートレインの車窓から眺める東京スカイツリー®

座席を一段高くしたスカイツリートレインの車内風景／2017（平成29）年3月25日

を進行方向と展望窓に向いた方向に設置している。「ペアシート」「ツイン、シングルシート」があり、カラオケの設置が可能なスペースも確保されている。その他、バリアフリー改造も同時におこなわれ、車椅子の利用者を考慮して、多目的トイレも設置された。

種車が６０５０系という、多様な運用ができる車両であり、その利点を活かし、野岩《やがん》鉄道経由で会津鉄道の会津田島駅に乗り入れたり、アーバンパークライン大宮駅発着の運用にも用いられた。

東武鉄道としては、このような観光列車を製作したのは初めてではあったが、その車両改造、その運用方法には、「東武の良いところが活かされた」結果だと感じる。

６３４型が就役したのは、２０１２（平成24）年10月27日で、当初は浅草駅〜東武日光駅の団体専用列車として運行が始まった。そののちは週末

350系スカイツリートレイン／2010(平成22)年8月28日　業平橋

スカイツリートレインのサイドのデザイン／2010(平成22)年5月29日　浅草

に臨時特急列車として運用されたほか、現在でも観光シーズンなどでは、「臨時特急」として運行している。

今でこそ、展望窓のついた634型が「スカイツリートレイン」として運行しているが、東京スカイツリー®完成以前の2010（平成22）年頃には、350系を使用した「スカイツリートレイン」が運行されていた。

この350系を使用した運行では車両に大きな改造を施さず、車体外観の前面と側面に、「SKY TREE TRAIN」とロゴが書かれたステッカーが貼り付けられ、車内のデッキ部分には完成が予想されたイラストや工事中の写真などを展示していた。

350系による「スカイツリートレイン」は鬼怒川エリアにあるレジャー施設「東武ワールドスクウェア」において、実物よりも早くミニチュア（25分の1）が完成し、2010（平成22）年4月24日から公開されたことに合わせ、ギャラリー列車として運転された。

運行にあたっては、「ゆのさと275号（浅草駅〜鬼怒川温泉駅）」や「しもつけ281・282号（浅草駅〜東武宇都宮駅）」などにも使用された。

今や珍しくなった夜行列車の、東武ならではの設定とは

東武鉄道は、庶民派傾向の強い鉄道会社である。北関東一円に広がる鉄道網の強みを活かし、深

夜の都心から、日光や会津方面（野岩鉄道直通）へ向けて夜行列車を運行している。

私鉄で夜行列車を運行しているのは東武鉄道が唯一で、季節に応じて「尾瀬《おぜ》夜行（夏季・浅草駅～会津高原尾瀬口駅）」とスキー客をターゲットにした「スノーパル（冬季・浅草駅～会津高原尾瀬口駅）」、「日光夜行（夏・秋季に浅草駅～東武日光駅）」が運転されている。

先にも触れたが、これは北関東方面に広大な路線網をもつ東武鉄道ならではの運用で、しっかりと「鉄道会社」の意地を見せているように感じる。どの夜行列車も浅草駅を23時55分に発車するので、愛称のあとに「ニーサンゴゴー」と付け足されて呼ばれている。

乗車券の販売は普通の指定券などとは違い、駅での窓口販売はおこなっておらず、旅行会社（東武トップツアーズ）などを利用して購入するしくみである。

つまり、旅行会社が発行する募集型企画旅行なので、通常の列車とは異なり、旅行会社が仕立てた「団体専用列車」（乗車券ではなく旅行商品と考えている）。そのため、旅行会社はいくつかのプランを提示しており、「スノーパル」にかんしては、朝食やスキー場のリフト券、スキー用具のレンタル券をセットにした販売もおこなっているのだ。

そもそも、東武鉄道の夜行列車の歴史は古く、日光線開業当初から運行していた「日光山岳夜行」から始まっている。現在の形になったのは、１９８６（昭和61）年からスキーヤーのための夜行急行列車「スノーパル」の運行が始まってからだ。

「スノーパル」は、野岩鉄道と東武鉄道が直通運転をスタートさせた利点を活かし、都心から乗り

雪の会津高原尾瀬口に到着したスノーパル2355／2015（平成27）年3月7日

スキーをもって雪のホームを改札口へ。お楽しみはこれから／2015（平成27）年3月7日

換えなしで、雪山へと向かうことのできる列車である。朝イチで銀世界に到着することができるので、節約したい学生のスキーヤーにはとても人気である。彼らにとっては、本当に都合の良い列車だったのだ。

車両は、時代時代の代表車両を使用、当初はロングシートで、のちにボックスシートになり、都心から雪山を目指して車窓を眺めていたのだろう。新藤原の駅に着くと時間調整のために長時間停車し、車内で仮眠、そして、終点の会津高原尾瀬口に着くと、スキー場へ向かうバスと接続する。何から何まで旅客の立場に立ったサービスを提供していた。

１９９６（平成8）年から「日光山岳夜行」の使用車両が、３００・３５０系などの特急用車両に格上げになったのを皮切りに、順次特急車両への移行が始まる。また、「尾瀬夜行」「スノーパル」では、女性専用車両を備え、毛布の貸し出しもおこなうようになった。

２００６（平成18）年からは、さらに種別を特急列車に格上げした。最近では、リバティ（５００系）やスペーシア（１００系）での運用になっている。

別件ではあるが、２０１９（平成31）年7月24日〜25日にかけて、南栗橋駅〜鬼怒川温泉駅〜下今市《しもいまいち》駅に向けて、ディーゼル機関車ＤＥ10形牽引の客車列車が、臨時夜行列車として運行した。あくまで大手旅行会社がおこなったツアー企画だが、ＪＲの夜行列車が次々と廃止されていくなか、注目された夢のある企画であった。

早朝の奥日光で見られる「霜取り電車」とは

電車にとってパンタグラフは、架線《がせん》からの電気を集電するのに必要な大切なパーツであるが、集電以外にパンタグラフを使用することがある。

鉄道を取り巻く環境は厳しく、四季折々の気候の変化や気象状況、朝晩の気温差などその変化に対応した設備が求められる。

東武鉄道は、関東地方の平野部を走る区間が多いものの、内陸部は都心部とくらべ気温が変化するほか、日光・鬼怒川方面は標高も上がり、さらに気温差がある。冬季は、気温の低下によって架線に霜が付き、集電に支障をきたすことがある。

とくに、栃木県の奥地である奥日光では、冬場の気温はかなり低くなり、湿地帯でもあることから夜中や早朝に霜が降りることが多い。

架線に付着する霜（架線着霜）とは、空気中の水蒸気が架線の表面に付着し、固体となる現象で、外気温が0℃以下になると発生する。

山間の奥日光は、よく晴れた冬の深夜は低温になり、そして湿度も高くなる。何の対策もせずに、霜が降りた架線に電車が通過すると、パンタグラフと架線のあいだに霜が挟まることになり、離線（パンタグラフと架線が離れること）が発生し、放電（アーク）が起こってパンタグラフの損傷や架線

クハに設置した霜取り用下枠交差式パンタグラフ／1987（昭和62）年1月　板荷〜下小代

の溶断事故などを引き起こしてしまう。

そこで、本来集電に使用するパンタグラフのほかに、架線に付着した霜取り用のパンタグラフを搭載することで対応した。霜取りパンタグラフ取り付け前、冬の早朝まだ真っ暗ななか、日光に向けて始発列車が発車する際、霜を切ってアークが連続的に発生する。暗い空を染めて「きれいだなあ」といったら叱られたと、花上嘉成氏が思い出話をしてくれた。

当初は2両固定編成のクハに設置し、早朝の列車で使用され、日中は畳んで使用していた。設置スペースの関係から、この霜取り用のパンタグラフは下枠交差式のパンタグラフとし、数年後にクハからモハの運転台上に場所を変更した。2両固定編成のみだった霜取り用パンタグラフ搭載車は、のちに4両固定編成に施工され、中間電動車にも取り付けられ、4両ともパンタグラフを上げた壮観なスタイルで活躍した。

3070系も寄る年波《としなみ》には勝てず引退すると、後釜として配置された5050系がその役割を担い活躍した。5050系の霜取り用パンタグラフ搭載車は2両固定編成のみだったが、2両編成を2本組成する運用があり、こちらも4両ともパンタで活躍する姿を見ることができた。

この5050系も2007(平成19)年に役目を終え、現在も活躍する6050系が霜取りの役目を担うことになったのである。

6050系のうち、7編成と野岩鉄道6050系3編成、会津鉄道6050系1編成に霜取り用パンタグラフの搭載をおこない、早朝の運用を主体に運用されている。

霜取りパンタグラフというと、通電をしないように思われるが、6050系では2つのパンタグラフのうち、進行方向最初のパンタグラフで霜を取り、2つ目のパンタグラフで通電をする。そのため、折り返しでは霜取りパンタグラフの位置が変わる。

3070系では、最初はクハに霜取り専用のパンタグラフを搭載したが、モハに移設後は、通電可能に改造された。2つのパンタグラフを上げるのは11月から4月で、この姿は東武鉄道ファンには冬の風物詩ともいえる、6050系も浅草に乗り入れていた時代は、2つのパンタグラフを上げて複々線区間を走る姿が見られた。現在は、南栗橋以遠の運用となり、広々した複々線区間を走る姿は非日常となった。

最近日光線には、20000系列改造のニューフェイス20400系列の車両が増えてきている。

雪の会津田島へ到着した区間快速6050系6170編成／2017（平成29）年3月3日　会津田島

6050系（左）と元6000系色に合わせた6050系。いずれも霜取りパンタグラフが前部についている／2020（令和2）年1月25日　新栃木出張所

ゆくゆくはこの車両にも霜取り用のパンタグラフを装備していくことになるかもしれない。

6000系より改造されたグループのなかには廃車も発生しているが、霜取り用パンタグラフ搭載車にかんしてはまだ廃車は発生していない。用途ゆえに最後まで活躍しそうであるが、製造から時を経ていることを考えると、引退も遠くはなさそうである。

従来の発想とは違った新しい優等列車を予測する

東武鉄道は、物持ちの良い会社だと思う。なぜなら、新型車両への置き換えがなかなか進まないからだ。

1960（昭和35）年に登場した1720系（DRC）は、約30年を経過した1990（平成2）年に、ようやく新型車両100系が登場したほどだ（100系の登場からもすでに30年経過している）。

その理由はさておいて、2021年度を目標に東武鉄道社内では、新型車両の構想に入っている。どのような車両になるのか詳細はまだ発表されていないが、東武鉄道の動きを観察して、いくつかの詳細を可能性としてお伝えすることにしよう。

●その1・地下鉄乗り入れ仕様

東武グループ長期経営構想・東武グループ中期経営計画2017〜2020によると、「新たな需要の創出」ということで、「相互直通運転を活用した鉄道ネットワークの拡充。都心及び空港アクセスに向けた検討・特急列車の地下鉄乗り入れ検討」とある。

特急列車の地下鉄乗り入れといえば、小田急電鉄がおこなっているロマンスカー（MSE・60000形）による東京メトロ千代田線への直通運転がある。地下鉄乗り入れにかんしては、地下を走行するという特殊条件において、防火や防災など保安対策が施されなければならない。車両（車体・座席など）に、燃えにくい材質を使用することや、非常時に、列車の前後から狭いトンネル内に旅客を避難させるための非常用貫通扉の設置、その地下鉄路線に共通した保安装置の設置などが必要となる。

2019（平成31）年に登場した西武鉄道の001系「Laview（ラビュー）」は、流線型の前頭部ではあるものの貫通扉が設置されており、地下鉄の直通が考慮されている。一方、現在の東武鉄道「スペーシア」100系には、列車の前後から旅客を避難させる非常用の貫通扉は設置されておらず、地下鉄に乗り入れることが不可能なわけだ。

2020（令和2）年6月に登場したスカイツリーラインと、東京メトロ日比谷線を直通する座席指定列車「THライナー」70090系は、もともと日比谷線直通用として開発された地下鉄の保安基準をクリアした70000系の改良型だ。そのため、座席指定車両とうたいながらも、特急種別にふさわしい、いわゆる「優等列車」という存在ではない。

また、2016（平成28）年に登場した500系「リバティ」は貫通扉を備えた特急型車両だが、これは併合運転時に乗客の行き来を可能にするための貫通扉で、地下鉄線内を走行する保安装置などは搭載していない。しかし、スタイル的には地下鉄直通用に近い車体だと筆者は考える。100系「スペーシア」の後継となる車両は、70000系と500系の性能を併せもった車両になるかもしれない。

●その2・新しい列車名称の商標登録

2019（令和元）年9月に、東武鉄道は新しい列車愛称と思われる商標登録を出願している。「ふたら」「てんかい」「ききょう」などだ。このうち「ふたら」は、2020（令和2）年10月から日光線で、「SL大樹ふたら」の愛称に使われている。

鉄道会社が愛称などの商標登録をおこなう場合、似た名称を含めたものを複数登録するため、残る2つの候補のなかに、まだ使われる愛称があるかもしれない。

現時点では、新型特急の愛称になるかは不明だが、1720型「DRC」や100系「スペーシア」、さらに500系「リバティ」に続く新しい発想の特急列車になることを期待したい。

20000系の今後と、譲渡車両の注目ポイント

東武鉄道の大動脈であるスカイツリーラインの一部列車は、南栗橋などから、東京メトロ日比谷

線の終点中目黒まで乗り入れている。

最近の話題では、車両の代替が完了し、東武側は２００００系から７００００系に替わり、東京メトロ側は03系から１３０００系となった。

２００００系の頃は18メートル車８両編成だったものが、７００００系では20メートル車７両編成に変わり、これは当然、要求していた東京メトロ側も同様に変わっている。

２００００系の車体はステンレス鋼でできており、最長でも製造後32年程度の車両なので、当然リユースが計画された。ちなみに、メトロ側の03系も、熊本電気鉄道や北陸鉄道、長野電鉄に再就職している。

さて、その２００００系だが、２０１７（平成29）年度から２０２１（令和３）年度にかけて、４両編成（ＴＣ１‐Ｍ１‐Ｍ２‐ＴＣ２）に改造され、末端の閑散区間用電車にリユースされる。

少々細かい棲み分けになるが、オール３扉車でＶＶＶＦ車の２０４１０系は、すでに３編成登場している。同じくオール３扉車で、チョッパ制御の２０４２０系も２０１８（平成30）年に３編成が登場した。

そして、５扉のＴＣ１とＴＣ２を３扉に改造した２０４３０系は、２０１８～２０２１年に８編成揃う。５扉車のＭ２を３扉車に改造した２０４４０系も、２０１８～２０２１年に８編成揃うはずだ。

以上をもって、２００００系の自社線内用車は出揃う。全22編成88両の布陣だ。

メトロ日比谷線乗り入れ新車（右）・旧（20000・2000系）交替／1993（平成5）年7月30日　春日部検修区

20000系統改造車。20000系統の先頭車（5扉車含む）と制御装置（VVVF等）取り付け車などを組み合わせて4系統が生まれる（20410、20420、20430、20440系）／2020（令和2）年1月25日　新栃木出張所

すでにほとんどの編成が稼働済みであるし、当初はテレビのニュースなどでも放映されていたが、日比谷線時代のマルーンのラインから濃紺《のうこん》に鮮やかなイエローのラインが入り、印象がだいぶ変わった。

当初は、宇都宮線で活躍し、その次は日光線系統に活躍の場を広げている。そして、先述の22編成が出揃うと、非常に残念であるが、6050系の廃車が始まる。数少ない、両開き2扉ボックスシート車両だけに、個人的にも残念でならないが、6000系として生を受けてから60年近い月日が経っているので、機械的には老朽化が顕著《けんちょ》なのかもしれない。しかし、6050系のなかには増備車として1985（昭和60）年〜1990（平成2）年に製造され、野岩鉄道と会津鉄道に譲渡された車両も存在するので、そちらの動向も気になるところである。

さて、ここまでは、自社線内でのリユースについて記したが、実は20000系は、他社（松本方面）への譲渡も予定されている。東武側の車番では、①25853＋25856、②25854＋25855、③24803＋26803、④24804＋26804の2両編成8両が譲渡される予定だ。

この車番を見て「おや？」と思われた方は、かなりの東武ファンである。この車番から読み取れるものは、いずれも中間車であることだ。①と②は、北千住寄りから5両目のM1車、③と④が同じく4両目と6両目のM3車なのである。

つまり、運転台はない。そこで、これらの両端に新たに運転台や、2両編成にするための必要機器を設置しなくてはならないのだが、どんなスタイルになるのか楽しみだ。

過去の事例から中間車を譲渡し、先頭車に改造されたものの多くは、無表情もしくはSimple is Bad的な改造が多い。

他社に渡る東武車も、そう多くはないので、例えば、伊予鉄道クハ850形のような見事な造形が期待できるからである。期待したいと思う。

現車両から窺える将来の東武鉄道

現在、東武鉄道にはさまざまな車両が在籍している。開業当時から英国のベヤーピーコック（Beyer Peacock）社から購入したA1形蒸気機関車をはじめ、B7形まで多数の蒸気機関車と客車、貨車があった。

1897（明治30）年の創業当時から昭和の高度成長期までは、旅客輸送とともに貨物輸送が盛んで、1924（大正13）年の浅草駅（現・とうきょうスカイツリー駅）～西新井駅の電化開業まではそのすべての輸送を蒸気機関車でおこなっていた。その最盛期には60両を有している。

戦後高度成長期に入ると電化が進められ、1966（昭和41）年に蒸気機関車での運行を終了している。現在は、観光目的で導入された「SL大樹（下今市駅～鬼怒川温泉駅）」を除いては、すべて電車による運行をおこなっている。

電車は、他の動力機関（機関車やディーゼル車両）にくらべて運転方法が容易で、操作の統一性ももたせやすい。東武鉄道に限らず、そのほとんどの鉄道会社が、電車による運行をおこなっていて、一部では機関士（動力機関専門の運転士）の養成を終了しているところもある。

東武鉄道の電車をさらに区分してみると、２０２１年3月現在「通勤電車（地下鉄直通を含む）、優等列車（６３４型を含む）、普通列車」の合計１９２３両が在籍していて（ＳＬ関係の12両は除く）、車体の大きさもスカイツリーラインの直通相手である東京メトロ日比谷線が、18メートル車体から20メートル車体に統一されたことから、ほとんどが全車20メートルに統一されている。

では、現在東武鉄道にはどんな車両がいるのか？　そこから見る将来の東武鉄道を想像していきたい。

まずは、２０１７（平成29）年に登場した５００系「リバティ」である。前述で紹介したように、特急運用で分割併合をすることによって、さまざまな線区に入線可能とし、臨時列車などにも柔軟な対応ができる車両だ。

今後東武鉄道としては、このような優等列車を使用し、アーバンパークラインなど需要が増える線区においても、特急列車を運行するサービスが増えることであろう。また１００系「スペーシア」がＪＲの新宿駅に直通していることから、今後は５００系「リバティ」によるＪＲ直通運用も考えられる。

ちなみに、ＪＲ東日本側から東武鉄道に直通してくる車両は、２５３系１０００番台という車両

500系特急リバティが目立つ東武日光駅／2018(平成30)年5月26日

10000系改造車。スカートを付け、ヘッドライトを取り換え、シングルアームパンタになる／2012(平成24)年2月28日　春日部支所

が6両編成で運転されている。もともとは新宿・東京・横浜方面から成田空港へのアクセス特急として誕生した車両のリニューアルで、正面に貫通扉を設け、3両編成に編成替えをすることも可能である。

構造上は、500系「リバティ」と同じような運用が可能かと筆者は考えている。そのことから500系「リバティ」とともに、JR253系の今後の運用にも注目していきたい。

通勤車両を見ると、東上線から誕生した座席指定列車（いわゆる簡易優等列車）の存在が挙げられる。2008（平成20）年から運行が開始され、車両は通勤用に開発された50000系のバージョンアップ「50090系」が使用されている。

外観は通常の50000系シリーズに準じてはいるが、パープルの識別帯を巻き、車内はロングシートとクロスシートに変換できる「マルチシート」を採用。「TJライナー」として運行する場合は、クロスシート設定で運行される（50090系は通常種別としても運用されるため、その場合はロングシート設定で運行される）。

利用者は、乗車前に座席指定券を購入してから乗車となる。池袋駅→ふじみ野駅、川越駅、川越市駅など主要駅に停車し、小川町《おがわまち》方面へと運転している（上りは、森林公園駅発になる）。

JRでいうところの「ライナー列車」のようなイメージで、東上線で唯一の座席指定列車として人気を博している。

また、2020（令和2）年6月には、東武伊勢崎線の久喜駅と東京メトロ日比谷線を結ぶ「T

メトロ日比谷線乗り入れ車。新（70000系）（右）旧（20000系）交替／2018（平成30）年6月7日　春日部支所

50000系51001編成、10000系統通勤車に代わる次期通勤形車両　前面非貫通型、1編成のみ／2004（平成16）年12月15日　森林公園検修区

50000系51002〜51009編成、前面非常貫通扉付、8編成　50000系統（50050、50070、50090系）のモデル車的存在／2005（平成17）年11月11日　森林公園検修区

50050系51051〜51068編成、半蔵門線乗り入れ用、18編成／2005（平成17）年12月8日　南栗橋車両基地

50070系51071～51077編成、副都心線乗り入れ用、7編成／2007(平成19)年4月17日　森林公園検修区

50090系51091～51096編成、東上線TJライナー用6編成／2008(平成20)年3月23日　森林公園検修区

Hライナー」も運行を開始した。「TJライナー」は、池袋駅を発着としているのに対し、日比谷線に直通するTHライナーは、霞が関や虎ノ門ヒルズ、六本木など都心に直結した運行をおこなう。

これらの列車の誕生を見ていると、東武鉄道は新規事業の開拓というよりも、JR東日本や東京メトロなどとの連携を活かした新たなサービスを確立していくだろうと考えられる。おそらくアーバンパークライン（野田線）の複線化事業が最後となり、既存のネットワークをフルに活かして、鉄道事業者としての使命を果たそうと考えていると推測される。

しかし、残されるのは日光や鬼怒川といった観光事業だ。東武鉄道は、それらの地域と連携し地域の活性化や観光客勧誘を目的とした「SL大樹」の運行や「スカイツリートレイン」のような臨時特急列車を存在させている。

いずれの事業も長い期間を考えておこなっていくには多額のコストがかかり、運用をし続けるには、もっと大胆なアイデアが必要だろう。東武鉄道が地域の輸送を大きな柱として守り続けるのであれば、その地域にとって最良の策を講じていかなければならない。

2章

輸送力アップの進化論

変化する社会・経済のニーズにどう応えてきたのか

高度経済成長下、数々の課題を乗り越えた東武

東武鉄道が誕生したのは、1897（明治30）年のことである。繊維産業が活気づいていた群馬県や栃木県などの北関東と東京を結ぶ輸送手段として計画された。声をあげたのは、川崎銀行（現・三菱UFJ銀行の一部）の創立者である川崎八右衛門《はちえもん》氏が発起人となり、東京・神奈川の実業家たちを巻き込んで設立された会社であった。

1899（明治32）年に北千住《きたせんじゅ》駅～久喜《くき》駅間が開業。蒸気機関車による運行が始まり、1902（明治35）年に、吾妻橋《あづまばし》駅（現・とうきょうスカイツリー駅）が開業した。

1910（明治43）年には、伊勢崎駅までが開業し、東武伊勢崎線のルーツが完成したが、東武鉄道自体が路線を建設し続けたほかに、佐野鉄道（現・東武佐野線）、東上鉄道（現・東武東上線）などを吸収合併し、営業路線はどんどん拡張していった。

高度成長期に入った1956（昭和31）年頃から、2代目の社長となった根津嘉一郎《ねづかいちろう》氏が父の意志を受け継ぎ、戦後の鉄道復興に取り組んでいた。この頃になると人々にゆとりが生まれ、週末は行楽地で過ごすという家族も増えていった。

東京周辺では熱海や箱根が人気で、それらを観光地にもつ国鉄東海道線や小田急線などは列車輸送サービスに力を入れていった。一方、日光や鬼怒川《きぬがわ》を観光資源としていた東武鉄道でも、浅草駅

絵葉書にもなった1700系白帯車／1956（昭和31）年9月。1957（昭和32）年9月21日から浅草〜東武日光間をノンストップ1時間57分で走った

から特急列車の運行や日光地区での移動にも力を入れていた。

東武鉄道は、日光軌道線という軌道線（路面電車）も所有し、地域輸送とともに日光東照宮、輪《りん》王《のう》寺《じ》への観光輸送もおこなっており、東武電車が連れてきた観光客は、東武の路面電車でまちを巡り、くねくね曲がったいろは坂を越え、中禅寺湖、奥日光を楽しむというパターンで、日光・鬼怒川の観光をパッケージ化していたのだ。

そんななか、早くから力を入れてきたのが国鉄であった。国鉄は都心から東北本線と日光線を経由した「準急・日光」を直通列車として運行。運転開始当初の国鉄日光線は非電化路線であったため、蒸気やディーゼルカーによる運用であったが、電化されてからは、車内が特急型並みに整備された157系電車が運転されるようになった。

東武鉄道もそれに対抗すべく1700系電車を

導入。東武浅草駅〜日光駅間を約2時間で結ぶという、当時としては画期的な特急サービスであった。国鉄と東武の熾烈《しれつ》な争いは、1720系電車（DRC）の登場により勝負を確実なものとし、東武鉄道に軍配が上がった。

経済が本格的に活発化してくると、首都圏に集中してくる人口も増えだし、都心に近い東武鉄道沿線（竹ノ塚《たけのつか》・越谷《こしがや》・春日部《かすかべ》）周辺から始まる朝のラッシュも激化していった。ラッシュ時間帯はおよそ2分間隔で電車の運行がおこなわれ、線路容量の限界にまで、列車の運転本数が増やされた。国鉄常磐線などに乗り換えができる北千住駅では、有楽町や新宿方面へ向かう乗り換え利用者でごった返し、非常に危険な状態にまでなった。そんななか、1962（昭和37）年になると、北千住駅から上野・霞ケ関方面へ営団地下鉄（現・東京メトロ）日比谷線との相互直通運転も始まり、東武線沿線から乗り換えなしで都心に向かうことのできる方法が生まれた。

しかし、沿線にマンモス団地が次々と建設されると、輸送力が追いつかなくなってしまった。次なる策としたのが複々線化で、1974（昭和49）年に、北千住駅〜竹ノ塚駅間の複々線化工事が完成した。1988（昭和63）年には、竹ノ塚駅〜草加駅間が完成。現在は、2001（平成13）年に草加駅〜北越谷駅まで複々線化が完了している。

各駅停車と準急などの急行種別を別々の線路で走らせることによって、需要に応じて列車の増発がされていった。鉄道に付属する事業も好調で、東武鉄道が直営でおこなっていたバス事業も、団地などの住居エリアから最寄り駅まで輸送するのに需要を満たし、東武鉄道沿線近郊だけでなく、東京都心、埼玉、群馬、栃木から茨城などにもバス路線を延ばしていた。

また、百貨店事業も1962（昭和37）年からスタートし、池袋店、船橋店が誕生している。東武グループは鉄道を軸としたさまざまな事業を展開した。

高度成長期の日本の経済とともに、大きく発展し続けてきたことは間違いないだろう。「鉄道産業」とは、その国の経済発展とともに繁栄していくものである。日本の多くの企業が、戦後の混乱から高度成長期とともに黄金時代を築き上げてきたが、東武鉄道も同様であったといえる。

今なお続く複線化の工事

東武鉄道は広大な営業エリアながら、複々線への改良など、日々輸送改善に努めている。高度成長期の需要に合わせ、いち早く高架複々線に着手していたことは、今日の安定輸送につながっていると考えられる。

1974（昭和49）年の北千住駅〜竹ノ塚駅間の複々線化改良工事は、当時の関東私鉄では初で、他の鉄道事業社のお手本となったことに、間違いないであろう。

複々線化により、伊勢崎線系統の北千住駅〜北越谷駅間、東上線系統の和光《わこう》市駅〜志木《しき》駅間では、列車種別により、急行線と緩行線を使い分けている。そのため途中駅で、各駅停車が退避したりすることがなく、全体的に所要時間の短縮を図るとともに、混雑の緩和も図れるというわけだ。

便利な複々線化だが、完成するまでには用地の買収、建設費の捻出など多額の費用と、長い工期が必要となり、計画から完成まで数十年かかることはざらにある話だ。そのため、計画段階で将来の乗客数や社会変化など、さまざまの試算をしなくてはならない。計画時は乗客が多くても、将来的にそれを維持できるとは限らない。「完成したら輸送力が余ってしまった」では、無駄な設備投資となってしまうので慎重にならざるを得ない。

現在、メインで改良工事をおこなっているのは「アーバンパークライン（野田線）」だ。もともとは醬油工場から貨物輸送をおこなうための鉄道路線であったが、旅客輸送の需要が増え、北総鉄道（現在の北総鉄道とは別会社）が、路線開拓をおこない現在の形になっている。

東武鉄道として運行を始めたのは、１９４４（昭和19）年の「陸上交通事業調整法」の施行により、総武鉄道が合併されたからだ。戦後も東武鉄道は伊勢崎線系統と東上線系統の２本柱で、野田線の扱いは「サブ」的な扱いではあったが、つくばエクスプレスや現在の北総鉄道の開業などで、沿線人口が増え、また岩槻《いわつき》市（現・さいたま市岩槻区）や野田市のベッドタウン化も進んできたことから、列車の増発を目的としたダイヤ改正がたびたびおこなわれるようになった。

しかしながら、そのほとんどの区間が単線で、駅での列車交換がおこなわれていた状況であった。したがって、列車の増発にも限界があり、早い時期から利用者のあいだで複線化の要望は出ていたようだ。

野田線は大宮駅を起点として春日部・野田市駅を経由して柏駅に至る路線と、船橋駅を起点とし

西新井付近を行く8000系統8両（左）と6両編成。上方は西新井工場／1983（昭和58）年5月

複線化時代の朝霞台～志木間を行く8000系／1978（昭和53）年5月

て鎌ケ谷《かまがや》駅を通り、柏駅に至る2系統が合わさった路線で、柏駅のホーム配置は終端式であり、大宮方面と船橋方面とが分かれて運行している（一部急行列車のみ、大宮〜船橋間走行）。

単線方式なうえ、特殊な路線系統をしていることから、複線化には新たに用地の確保が必要で、一気に進めることができず、都合の良い区間から順次、複線化工事を進めている。現在のところ、大宮駅〜春日部駅・運河駅〜柏駅〜船橋駅の複線化が完了している。春日部駅〜運河駅が単線であるが、乗降客も比較的少なく、加えて江戸川などもあり、複線化は厳しい。

2020（令和2）年3月からはダイヤ改正をおこない、全線にわたって急行運転を開始した。ラッシュ時の各駅停車も、柏駅〜船橋駅間の所要時間を11分も短縮した。今後は、春日部駅の改良もおこなわれる予定で、伊勢崎線系統からの直通列車を考慮し、完成すると野田線ホーム1面2線から、2倍の2面4線へと拡大される。

従来は、伊勢崎・東上線系統の改良がメインでおこなわれていたが、今後は野田線の利便性を高めるために、線路の改良工事とともに、他の鉄道と接続する駅や乗り換えの改善も期待したいところである。

「フライング東上」「きぬ」「りゅうおう」…愛称の多さは私鉄一？

浅草駅から日光・鬼怒川・赤城《あかぎ》を主として、行き先によってさまざまな種別が存在する東武鉄道。

ここでは、その種別をいくつかご紹介しよう。

東武鉄道に優等列車が登場したのは、1929（昭和4）年10月10日より臨時特急として運転されたのが最初だ。これは、同年10月1日の日光線・杉戸《すぎと》（現・東武動物公園）駅〜東武日光駅間全線開業にともない、電車による長距離運転を始めたのがきっかけで、12月からは、展望車を連結した運行も開始している。

その展望車は、「トク500形」と呼ばれている展望車で、大勢の人が利用する特急車両とは違って、旅客定員が8名、乗員が20名と、現在でいうところの「ジョイフルトレイン（団体専用列車）」のようなイメージであった。

特急運用に割り当てられる車両は基本的には決まっておらず、トク500形は、さまざまな電車の最後部に連結されて運用されていた。当時の特急列車には愛称がなく、単に「日光特急」などと呼ばれていたそうだ。

このトク500形という展望車は、当時の東武鉄道の花形車両の1つではあったが、終点折り返しでの方向転換など、使い勝手が非常に悪いために、のちに特急用電車のデハ10系が登場すると、運用される姿は徐々に減っていった。

戦況の悪化によって特急の運行を中止したものの、終戦後の1948（昭和23）年になると、特急の運行が復活し、翌1949（昭和24）年に日光行きの特急の愛称を「華厳《けごん》」、鬼怒川温泉行きを「鬼怒《きぬ》」とした。これが、東武鉄道の愛称特急の始まりと思われる。

旧鬼怒川温泉駅に到着。方向転換のため下今市駅へ回送準備中のトク500形／1952(昭和27)年10月18日　撮影：小林茂(花上嘉成 蔵)

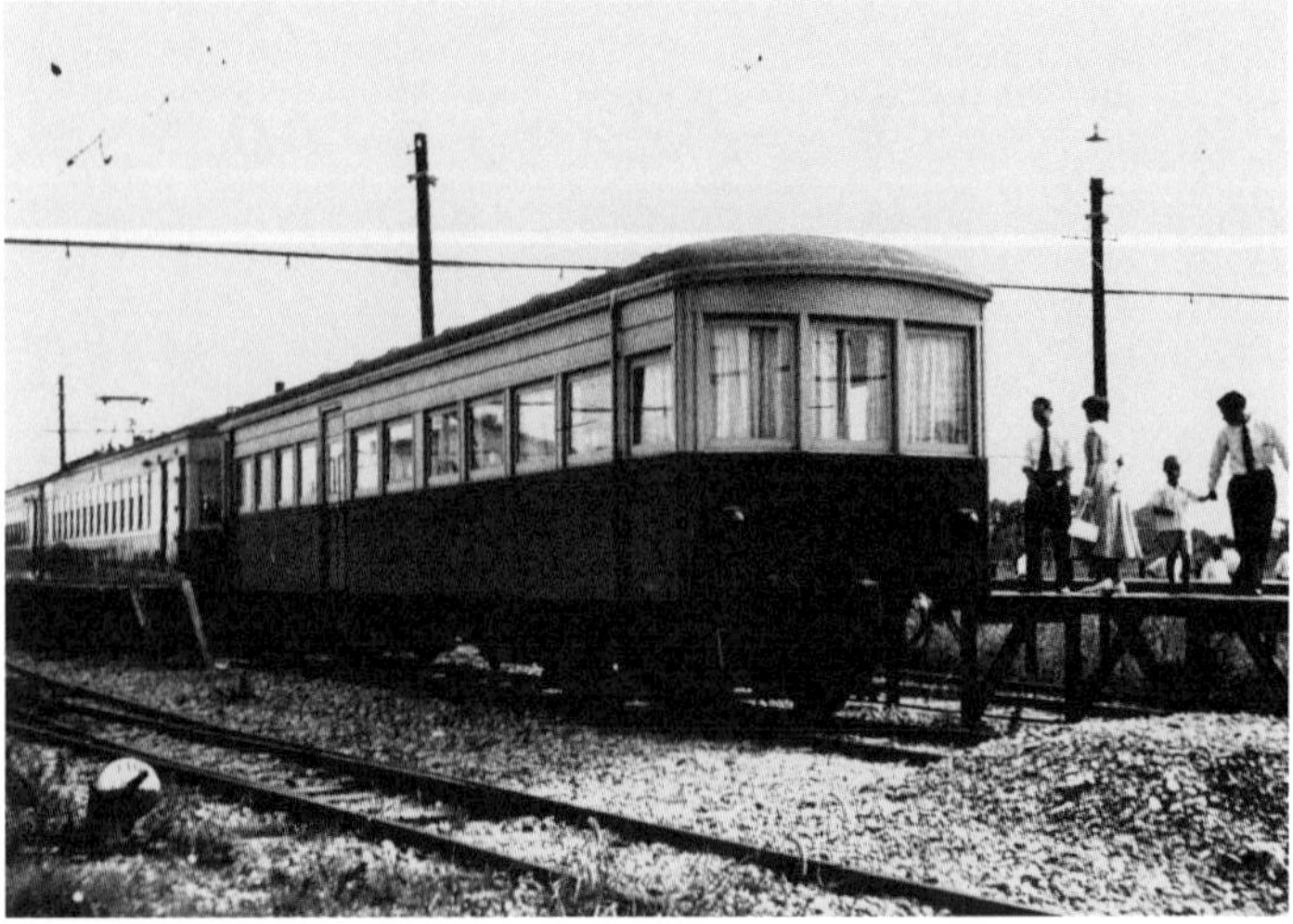

展示中のトク500形／1953(昭和28)年8月　西新井電車区　撮影：園田正雄

旅行客でいつも賑わっていた、小さな元鬼怒川温泉駅。1720系就役前の試運転時／1960（昭和35）年10月5日

当時は戦災車両の復旧のため、さまざまな車両が割り当てられたが、のちにデハ10系の復旧が完了した。デハ10系が、初代の華厳・鬼怒の専用車両となったわけだ。高度成長期の昭和30年頃になると、急行列車の運転も活発になり、日光方面が「あかなぎ」「なんたい」「にょほう」、鬼怒川方面は「おくきぬ」「いかり」「ゆにし」「りゅうおう」、宇都宮方面に「しもつけ」などが登場した。

また、団体専用列車として修学旅行用途に「たびじ・林間学校」なども登場している。さらに東上本線系統には、「フライング東上」「ブルーバード」「かまきた」なども存在していた。

東武鉄道は現在でも「愛称種別」が多く存在し、100系を使用した「スペーシアけごん」「きぬ」はもちろん、JR線から直通してくる特急を「日光・きぬがわ」、500系リバティを使用した「リバティ○○」、休日の東武日光行きを「きりふり」、伊勢崎線特急を「りょうもう」、夜行列車を「尾瀬夜行・スノーパル」、東上線・優等着席列車を「TJライナー」、東京メトロ副都心線・東急東横線・横浜高速鉄道みなとみらい線直通を「Fライナー」と名付けている。

2020（令和2）年6月から運行を開始している、久喜駅から東京メトロ日比谷線直通優等着席列車にも「THライナー《ティーエイチ》」という愛称が設定された。さらにはSL運行を始めたことにより「大樹《たいじゅ》」や「大樹ふたら」も登場している。これからも東武のバラエティ豊かな愛称列車の歴史は続いていくだろう。

東武鉄道で初めて自動改札機を設置した駅は？

今の若い世代の人たちは、改札口で駅員が切符に入鋏《にゅうきょう》をしてから入場し、定期券などは目視で確認するシステムだったのを知っているだろうか？

30年くらい前までは、全国各地で見られたシステムだ。そのため、当時の駅の改札口には、ラッチと呼ばれる風呂桶《ふろおけ》のような箱があり、そこに駅員が入って、乗車券に入鋏したり、定期券を目視で確認していた。

駅員が乗車券に切り込みを入れる道具「ハサミ（改札鋏）」で入鋏すると、駅ごとにさまざまな切り口（パンチ・鋏痕《きょうこん》）の形ができて、その形で、どの駅の乗車券なのかもわかるほどであった。自動

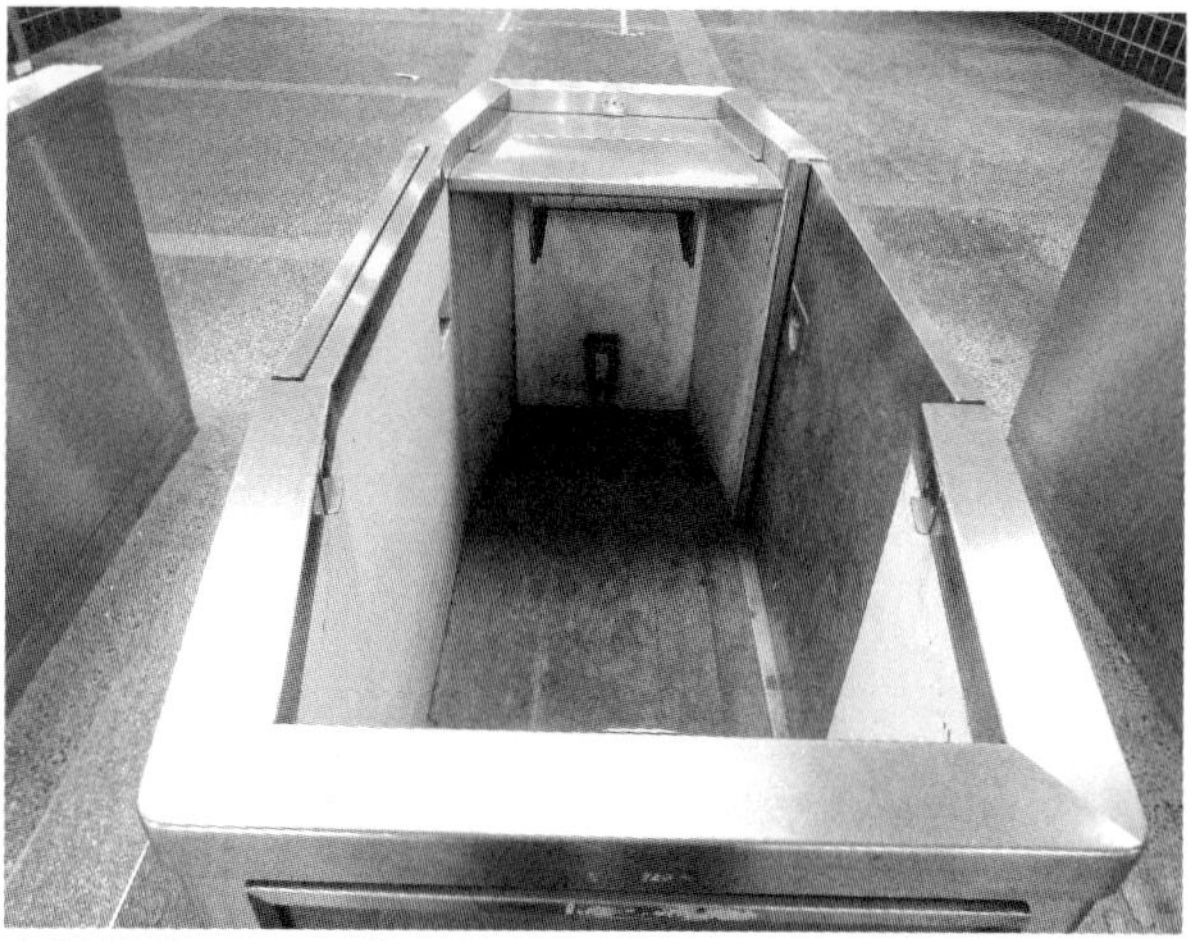

大師前駅のラッチ。昔はどこの駅も、このなかで駅員が乗車券を確認・入鋏をおこなっていた

改札以前は、このハサミをリズミカルに鳴らしながら、人の流れを止めずにパチンパチンと、次々に乗車券に入鋏していく姿が見られ、まさに職人芸と思えるほど高い技術であった。

現在では自動改札機が設置され、利用者はそこに切符を挿入して入場するシステムになっているが、東武鉄道に初めて自動改札機が導入されたのは、西新井駅である。1972（昭和47）年8月15日のことだった。

東芝が製造した自動改札機で、テスト的に西新井駅で導入された。利用者にはあらかじめ、「西新井駅・自動改札装置のごあんない」という冊子が配布され、利用周知に努めた。

なぜ、西新井駅だったのか？　というと、伊勢崎線の複々線化に向けた輸送力増強において、混雑緩和の目的と、駅係員の業務改善に向けての策として選定されたようだ。同時に大師前駅を無札・

東武鉄道で初めての自動改札機パンフレット（西新井駅）

無人化とし、西新井駅で大師線に乗車する際、改札扱いにしてから乗車するという現在のスタイルになった。

また、西新井駅で販売される定期券と切符は裏が茶色の磁気券となり、自動改札機で通過できる乗車券に変更された。東武鉄道に限らず、改札の自動化にかんしては、関西にくらべて関東は導入が遅くなってしまったが、東武鉄道への導入は関東のなかでも比較的早かったのではないかと思う。

自動改札機の導入が遅くなってしまった理由は、関東の私鉄は国鉄線や他の私鉄・地下鉄と複雑に絡み合っており、足並みを揃えてから導入していかないと、到着駅で改札を出るときに不具合が発生してしまうからだ。そのことを懸念してか、自動改札機の導入にはある程度足並みを揃えて、一気に導入するしかなかった。

そして、東武鉄道の自動改札機の量産化は、西新井駅に初の自動改札機が登場してから20年後の1992（平成4）年3月までおこなわれなかった。この理由は、改札に人がいなくなるため、労使双方の理解が必要であったためだ。

ちなみに西新井駅で配布された自動改札機の冊子には、こんな注意書きがあった。「有効区間内であっても西新井駅と常磐線柏駅以外の自動改札は通れません」――それ以外は、有人改札を通るということなのか？　また、相互乗り入れをおこなう営団地下鉄も、当時自動改札機を導入したのは有楽町線など開業して間もない線区に限るもので、なかなか広がりを見せなかった。

冊子には、自動改札機の通り方まで親切に書いてあった。そのなかには「むき・おもて・うらにかまわず、ただ差し入れるだけです。乗車券は前方の取出口に出てきます」と書いてある。ふだんはあまり意識しないと思うが、自動改札機は乗車券の向きにかかわらず挿入が可能で、どんな向きになっていても、きちんとパンチされ、取り出し口には表向きで出てくるようになっている。

これは、当時としては、日本独自のものらしく、海外の自動改札機にはこのような機能はついていなかったらしい。忙しい日本のサラリーマンのことを思い、どんな状態の向きの乗車券でも正しく検知して、乗車券にパンチがされ、表向きで取り出し口から出てくるようにした、と聞いたことがある。

改札機の内部には、ターンテーブルと呼ばれる乗車券の向きを変えるしくみが備えられ、切符を180度スピンさせ垂直状態になり、磁気センサーが読み取れるような位置に向きを変えて乗車券情報を読み取り、表向きで取り出し口に出すことができるそうだ。

もちろんこの技術は、現在の自動改札機にもいえることである。やがて、乗車券も磁気カードで直接入場ができるパスネットカード（交通系プリペイドカード）が導入され、現在ではさらに進化させたＩＣカード（PASMOやSuica）が主流となり、乗車券の形態も変化してきている。

今や都会の電車では、切符で乗車することが少なくなった。そのため、ＩＣカード専用の改札機も設置され、自動改札機のスタイルも進化してきた。

今後、もしかしたら改札機に触れなくても、乗車券をもっているだけでセンサーが反応し、入場することができるなど、さらに進化した改札機が登場するであろう。

東武鉄道初のホームドア導入駅は和光市駅ではない?!

バリアフリーを目的とした駅の改良にとって、大きな課題は、現状よりも安全性を高めることであり、高齢者や障害者などのいわゆる「交通弱者」にとっても鉄道は使いやすく、安全でなければならない。

ホーム上に設置している「ホームドア」は、その役割を大きく発揮してくれる。東京では当時営団地下鉄だった（現・東京メトロ）南北線が、１９９１（平成３）年11月に初めて導入したのを皮切りに、東京の地下鉄を中心に広がりつつあった。

当時の常識としては、ホームの安全は駅員や車掌が確認し、安全策を講じるものであって、「ホームドア」は、ワンマン化のために駅員や車掌の仕事を運転士に兼務させることで「鉄道会社の利益を目的とした人員削減策」と論じる人も多かった。

ちなみに、ホームドアとワンマン運転をおこなう東京メトロ副都心線との直通運転が決定し、東武鉄道としてもその基準に合わせた車両改造をおこなわなければならなくなった際に、「東武鉄道では使用しない不要な設備であることから、全額の費用負担はできない。副都心線のみに使用するホーム柵の対応・ATO・ワンマン運転設備に関わる費用は、東京地下鉄（東京メトロの正式名称）の負担としてほしい」といっていたほどであった。

しかし近年、バリアフリーが整備されて高齢者や障害者が街に出ることが多くなると、鉄道会社として、ホームドアにかんしても「必要な安全策の1つ」という考えを示すようになってきた。

東武鉄道で初めてホームドアが導入されたのは、東京メトロとの接続駅である東上線の和光市駅で、2012（平成24）年7月7日に使用が開始された。

しかし、このホームドアの使用は、東京メトロが使用するためのものである。和光市駅は駅の管理は東武鉄道がおこなっているが、東京メトロと共同使用するために設置されたホームドアであり、この事例は、東武鉄道の歴史としてはカウントされていない。

東武鉄道が自社の運行のためにホームドアを導入したのは、意外にもアーバンパークライン（野田線）の船橋駅で、2014（平成26）年3月22日のことである。

船橋駅は、他のターミナル駅にくらべて、ホームが島式1面2線で桁式ホームという点で導入し

東武鉄道最初のホームドア取り付け準備／2014（平成26）年2月27日　船橋

完成した東武最初のホームドアは、2014（平成26）年3月22日に使用開始／2014（平成26）年3月24日　船橋

やすかったことと思われる。また、1日の平均利用者数が10万人を超えていたことが背景にあると、筆者は考えている。

ちなみにこのホームドア、電車がドア間口にピタリと合わせて停車することのできるTASC（定位置停止装置）が導入されていない同線に対応しており、ホームドアの間口がかなり広くつくられていることが特徴だ。

今後、東武鉄道は、合計40駅でホームドアの導入を予定している。東上線系統（池袋駅〜志木駅、ふじみ野駅、上福岡《かみふくおか》駅、川越《かわごえ》駅）、伊勢崎線系統（浅草駅〜北越谷駅、久喜駅）、野田線（大宮駅、春日部駅、流山おおたかの森駅、柏駅、船橋駅）、とくに東京メトロと相互直通運転をおこなっている伊勢崎線系統と東上線系統は、TASCの導入やホームドアの整備のみで設置が完了することから、積極的にホームドア化が進められていくであろう。

貨物列車ヤード跡地に自立式電波塔が建つまで

東京都墨田《すみだ》区押上《おしあげ》にある自立式電波塔、別名東京スカイツリー®は、2008（平成20）年8月に着工し、わずか4年後の2012（平成24）年5月22日に三社祭《さんじゃまつり》を避けて、完成・オープンした。

本来ならば、2011（平成23）年内、もしくは2012年元日に合わせた頃に完成させる予定であったが、2011年に発生した東日本大震災での資材不足や安全確認のために、2か月遅れの完成となった。

東武鉄道と東京スカイツリー®（以下タワー）との関わり合いは、建設する予定地の選択からである。現在の墨田区押上のほかに、最終審査で残った候補地は3つあり、埼玉県のさいたま市（さいたま新都心）、東京都豊島《としま》区（池袋）、東京都台東《たいとう》区（隅田公園）が挙げられた。

現在の押上の地に選ばれたのは、台東区・墨田区の区民と行政が一体となって、観光やまちづくりに取り組むことができ、活動支援の推進が図られることや地元住民の前向きな受け入れ態勢が、主な理由だったそうだ。

墨田区では、東武鉄道の業平橋《なりひらばし》駅貨物列車ヤード跡地を再開発することによって、東武鉄道と深く関わり合うことになった。2005（平成17）年3月に、日本放送協会などが中心となった「在京6社新タワー推進プロジェクト」のメンバーが、墨田区役所に「正式に業平橋・押上地区に決定した」との旨を伝えた。

2006（平成18）年5月1日には、建設予定地であり、墨田区と連携して新タワー勧誘プロジェクトを推進していた東武鉄道が全額出資で、「新東京タワー株式会社」（のちに東武タワースカイツリー株式会社）を設立し、タワーの開発プロジェクトの中心事業会社として運営をおこなっている。タワーの建設は、当時地上デジタル放送の切り替えにともなう新電波塔の役割と、東京の観光のシンボルとして地域と連携した観光向上促進を目的としているが、従来の東京タワー（港区・芝公園）の運営が、「株式会社TOKYO TOWER（旧・日本電波塔株式会社）」で放送関連組織由来である

今、東京スカイツリー®が建っている所は、かつては蒸気機関車と貨車の宝庫であった／1963（昭和38）年9月　業平橋（現・とうきょうスカイツリー）

のに対して、交通・鉄道会社が主体となる押上の新タワーは、まったく性格の異なった運営がなされている。

タワーの名称である「東京スカイツリー®」と「東京スカイツリータウン®」は、事業主である東武タワースカイツリーと東武鉄道の商標登録となっているために、名称を表記する場合は®が入ることになる。

また、お土産やタワーがデザインされた物を商品化すると、ライセンス契約などが発生したり、駅名やバス停名称にタワーの正式名称を入れる場合も、両事業者にお伺いを立てたり、商標のやりとりに手間がかかってしまう。

似たような話で、東京ディズニーリゾート（以下ＴＤＲ）がある。ＴＤＲを運営するのは、株式会社オリエンタルランドだが、京成電鉄が株主となった京成グループの１つである。

しかしながら、大本のディズニーとの契約上、京成色を出すことは禁じられているため、TDRに関するライセンスは、京成グループであるオリエンタルランド単体では自由に可否を決められないはずである。

話をタワーと東武鉄道の関わり合いに戻すと、「東京スカイツリー®」に関わる地域貢献や東京全体としての観光促進は、すべて東武グループにかかっている」ということ。東武鉄道はこれまでも、日光、鬼怒川などの観光地開発に関わってきたわけで、「押上自立式電波塔」は、この事柄の集大成といっても過言ではない。

愛称「アーバンパークライン」に込められた期待と現実

野田線（アーバンパークライン）は、埼玉県の大宮駅と千葉県の船橋駅を結んでいるが、途中の柏駅にて線路は終端となり、スイッチバックのように方向を変えている。

運行は、大宮方面・船橋方面からきた列車が、それぞれ「柏駅」で終点となり折り返していく形態をとっている。

もともとは、地元の小私鉄（旧北総鉄道・総武鉄道）を買収して、東武鉄道の路線として運行を始めたのだが、近年は都心からのアクセスとして「北総開発鉄道（現・北総鉄道）」や「つくばエクスプレス」の開業により、野田線を経由して利便性が向上した。

そのことにともなってか、同線沿線にも住宅の開発が進んでおり、利用者数は右肩上がりだという。現状、列車の増発をおこなうためには、単線区間で運行している部分の複線化をおこない、列車の行き違いのための停車を少なくする必要がある。

そのため長期的ではあるが、徐々に複線化工事を実施し、完了した区間では急行運転もおこなわれるようになった。野田線の専用車両として、2013（平成25）年に登場した60000系は、オールアルミダブルスキン車体で、従来の野田線のイメージを一新させている。

それまでは昭和世代で、鋼鉄車体の8000系が主力として運行され、他の路線にくらべてグレードダウンと思われてしまうほどであった。そんな野田線の現在は、東武鉄道の第三の幹線として一部複線化、急行運転の開始、新車の置き換えと、大きく成長しようとしている。

2014（平成26）年4月1日には、野田線の路線愛称名として「アーバンパークライン」の名称の使用を開始した。野田線という名称は、旅客案内上はほぼ使われることはなく、この「路線愛称」でおこなうことになった。

名称の由来は、アーバン（都市）とパーク（公園）を組み合わせた造語である。同線の沿線には大宮公園や清水公園、柏の葉公園など公園が多いことが由来とされているようだが、長いあいだ「野田線」という名称が親しまれていたため、現在でも同線を「野田線」と呼ぶ人のほうが多く、2021年現在でも、いまだに「アーバンパークライン」が馴染んでいない。

路線ナンバリングも、スカイツリーライン（伊勢崎線・浅草〜東武動物公園）の「TS」に対して、

オール8000系統で占められた七光台支所／2013（平成25）年4月9日

ジャスミンホワイトとブルー帯塗装の8000系統が行きかう野田線／2015（平成27）年2月25日　新船橋

スタイリッシュなデザインにフューチャーブルーの帯を巻いた野田線用の60000系車両

建設中の野田線愛宕駅付近高架部分。2020年秋

同線は「TD」つまり、NODA-LINEのシンボル文字だ（Nは日光線・宇都宮線及び鬼怒川線で採用されているため、田のDが採用された）。

路線の愛称の使用開始がナンバリング決定後だったこともあって、そうなったと思われるが、東武鉄道社内でも「野田線は野田線」というイメージが拭いきれないのであろう。

今後も、需要に応じて線路や駅の改築などがおこなわれていく予定だが、伊勢崎線と東上線に続く第三の幹線路線として、大きく成長してもらいたいところだ。

東上線系統に復活した優等列車TJライナー

東武東上線は、東京都豊島区の池袋駅と埼玉県の寄居《よりい》駅を結ぶ路線である。もともとは、東上鉄道という東武鉄道とはまったく別の会社で生まれた路線であった。1920（大正9）年7月27日に、東武鉄道が東上鉄道を吸収合併したことによって、現在の東武東上線が誕生している。

東武鉄道がもともと所有していた現在の伊勢崎線系統と、路線の性格は異なり、和光市や川越方面へと運行する東上線は通勤路線としての役割が大きかったが、戦後の高度成長期に観光需要が高まると、川越やその先の長瀞《ながとろ》・秩父《ちちぶ》方面へアクセスの利便性を図るために、1949（昭和24）年に「フライング東上」号が登場した。

この列車は、行楽地への特別料金不要の特急列車として運行されたうえ、濃い青地の車体に黄色

秩父鉄道へ西武と東武が乗り入れていた時代／1991（平成3）年8月　三峰口

の帯を巻く、当時としてはカラフルな列車であったため、利用者にも好評であった。

　１９６７（昭和42）年頃まで運行され、その後も秩父方面への特急は「ちちぶ」「ながとろ」「みつみね」などの特急が多く運行されていたが、いずれも特急料金が不要な通勤車両を使用した列車であり（実質のところ急行の格上げ）、優等列車による運行は「フライング東上」のみであった。

　２００８（平成20）年6月に、それまでの通勤車両による特急を廃止し、座席指定優等列車（Ｔ《ティー》Ｊ《ジェイ》ライナー）が就役した。池袋駅〜小川町駅間で運行を開始し、東上線に優等列車が復活したのは「フライング東上」以来の約50年ぶりとなり、東上線の看板列車として運行されている。

　東上線は、秩父鉄道への直通運転を廃止（１９９２〈平成4〉年3月29日）して以来、通勤路線の色合いが強いため、ＪＲのホームライナーのような着席可能な座席指定通勤優等列車が重宝されている。

車両は、５０００系のグレードアップ車両である５００９０系である。クロスシートとロングシートに転換が可能なマルチシートを東武鉄道として初めて採用した。

利用する人は乗車駅で、乗車券のほかに座席指定券を運賃とは別に購入して乗車することができる。定期券や回数券の併用も可能で、そういった考えもＪＲのホームライナーの考え方に酷似《こくじ》している。

この「ＴＪライナー」が登場してから10年以上経過しているが、利用者も多く定着しつつある。

同じような仕様で２０２０（令和２）年６月からは、伊勢崎線系統と相互直通運転をおこなっている東京メトロ日比谷線とのあいだで、「ＴＨライナー」という座席指定列車の運行をおこなっている。

ＴＪライナーと同様にマルチシートを装備した７００９０系を新造しており、早くも利用者から好評の声が上がっている。日比谷線の霞ケ関駅や恵比寿駅などの都心エリアの利用が可能である。

東上線の新しい通勤ライナーとして、直通相手である有楽町線の新木場駅や副都心線の渋谷駅からのライナー列車にも、ぜひ期待したいところだ。

中千住駅は昭和の貨物輸送の重要駅

鉄道の使命として、多くの人を一斉に運ぶことができる「旅客輸送」と、大量の物資を一気に運ぶ「貨物輸送」とがある。

貨物輸送にかんしては、今でこそトラックを用いた道路での物流が主流になっているが、高速道路や幹線道路が未整備だった昭和末期頃までは、鉄道による「貨物輸送」が主流であった。

当時の国鉄には、東海道線や東北本線などの主要幹線路線だけでなく、地方ローカル線にも多くの貨物列車が運行されていた。関東一円に広がる東武鉄道も、多くの貨物列車が運行され、戦後の復興にともなう東京の建設ラッシュに貢献していた。

そのため、浅草駅や北千住駅などの現在でも活用されている旅客ターミナルのほかに、貨物列車専用のターミナル駅もいくつか存在していたのだ。

一番よく知られているのが、「業平橋駅」である。すでに述べたとおり現在の東京スカイツリータウン®の位置には、かつて広大な貨物ヤードが整備されていた。

この駅が開業したのは、1902（明治35）年4月1日のことで、開業当初の駅名は「吾妻橋駅」で、東武鉄道のなかでもっとも都心寄りの駅として機能していた。

しかし、東武亀戸《かめいど》線が開業し、総武鉄道（現・JR総武線）に乗り入れ、両国橋駅を起点とした運行に重点を置くことになったために、一度は廃止になってしまった。のちの1907（明治40）年9月1日に総武鉄道が国有化され、両国橋への乗り入れが廃止。「吾妻橋駅」は、再び「浅草駅」と改称して営業することになった。

隅田川が近いこともあってか貨物輸送も盛んになり、貨車で運ばれてきた荷物は、ここで船積み用に仕立てられ、東京の下町や隅田川を下って全国各地に送ることもしていた。1931（昭和6）年には、隅田川を渡った場所に新駅を開業した。駅名は「浅草雷門駅」（のちの「浅草駅」）とし、これまで使用してきた駅は「業平橋駅」に改称したのである。

旅客扱いターミナルは新駅に移したものの、貨物扱いターミナルとしての機能はそのまま業平橋駅がおこなうことになり、東武鉄道にとっては重要なハブ駅となる存在だった。

貨物列車の運用は、伊勢崎線や東上線の本線系統から、佐野線や野田線、また貨物専用線も存在していて、会沢《あいさわ》線（葛生《くずう》駅〜第三会沢駅）、大叶《おおがの》線（上白石駅〜大叶駅）などでは、主にセメントの原料を輸送していた。また、成田空港の建設にともなう砕石などを運び出していたというのも、高度成長期において重要な輸送機関だったことがうかがえる。

さらに伊勢崎線などでは、国鉄貨物との荷扱いがおこなわれていて、国鉄所有の貨車が東武鉄道に乗り入れていたこともあった。東武鉄道で貨物扱いをおこなっていた駅は、業平橋駅、千住貨物駅、葛生駅、北館林駅などである。

千住貨物駅は、北千住駅と牛田駅のあいだに存在した中千住駅から分岐した千住貨物線の終点で、京成線のガードをくぐって、隅田川沿いの千住ドック付近に駅があった。千住ドックへの資材などの輸送をおこなっていたが、戦後は糞尿《ふんにょう》輸送もおこなわれていた。

隅田川を行き来する「オワイ船」から屎尿《しにょう》を貨車に積み、北関東方面の田畑の肥料とするために輸送していた。今考えれば、かなり不衛生なことだが、戦前の農村では人間の糞尿を下肥《しもごえ》として用いていた。

下水道の整備や化学肥料の普及で、この糞尿輸送も1955（昭和30）年頃に廃止となった。中千住駅は、1924（大正13）年に千住駅として開業し、1930（昭和5）年に中千住駅に改称された。駅は1953（昭和28）年に廃止されるが、その後も信号所（のちに千住分岐点）として残り、構内には側線や転車台の設備があった。

1987（昭和62）年に千住貨物線が廃止され、千住分岐点の役目も終わるが、残った側線を電車の留置線として、現在も活用している。

北館林《きたたてばやし》駅は、佐野線の渡瀬《わたらせ》駅と田島駅にあった貨物専用駅で、正式名を「北館林荷扱所《にあつかいしよ》」と呼ばれていた。貨物輸送が終了してからは資材管理センターになっており、鉄道車両の解体をおこなっている。

解体する車両は、東武鉄道を走行していた車両はもちろん、他の鉄道会社で使用された車体もトレーラーなどで運ばれてくることもあり、東武鉄道では見ることのなかった車体も見られる。なお、業平橋駅構内にあった東武鉄道最大の貨物ターミナルの現在は、東京スカイツリータウン®へと整備されている。

かつて、都内私鉄で最大の貨物取り扱いがおこなわれていたその場所からは、当時の痕跡を見ることはできない。

北千住における追い抜き配線(北千住駅上り方)。中千住駅ホーム(右)と給水塔が残っている/1960(昭和35)年7月

中千住(元・千住)の入れ換え作業/1960(昭和35)年7月

中千住の機関庫から中千住（元・千住）のホームを見る／1960（昭和35）年7月

京成電鉄をアンダークロスした隅田川沿いにあった中千住駅／1960（昭和35）年7月

カメが走っていた?! 非電化路線・熊谷線

東武鉄道では、1924（大正13）年から電化が進められてきた。1927（昭和2）年～1929（昭和4）年ぐらいまでのあいだに、伊勢崎線、佐野線、東上線などの主な路線の電化が完了していったが、1983（昭和58）年に至るまで、唯一非電化路線として営業していた路線がある。

「東武・熊谷線」は、熊谷駅～妻沼《めぬま》駅10・1キロメートルを結んでいる路線で、もともとは第二次世界大戦中に中島飛行機への工員輸送を目的として、1943（昭和18）年12月に開業した路線である。熊谷駅は、秩父鉄道のホームを間借りし、秩父鉄道の羽生《はにゅう》行きと同じホームを分割して使用していた（5番線の線路中央に車止めを設置し、上熊谷駅側を東武が、羽生側を秩父鉄道が使用）。

そのため、そのまま同じホームで、秩父鉄道の羽生や長瀞《ながとろ》方面に行くことができたわけだ。ちなみに、1つ先の上熊谷駅も秩父鉄道と共用駅である。ホームは島式仕様で、熊谷線と秩父鉄道が片側ずつ使用していた。現在でも熊谷線の線路のみを撤去して、秩父鉄道はそのまま使用を続けている。

熊谷線の開業当初は、蒸気機関車が牽引するのどかな路線で運転速度も遅く、全区間を25分くらいかけて運行していた。それは、乗り遅れた学生が走って列車に飛び乗れるほどゆっくりだった、というエピソードを聞いたことがある。その鈍足っぷりから「カメ号」と親しまれ、戦後は沿線住

熊谷線は秩父鉄道と同じホームで顔を合わせていた　熊谷／1976（昭和51）年9月23日

熊谷線の線路はここで終わる／1976（昭和51）年9月15日

民の足となっていった。

しかし、高度成長期に入り、東武鉄道でも国鉄と同様に蒸気機関車の運行を終了させる「無煙化計画」が進められた。熊谷線も蒸気機関車が廃止され、1954（昭和29）年からは液体式変速機を使用した新型ディーゼルカーが登場した。

形式は、キハ2000形。当時流行していた正面2枚窓の「湘南顔」と呼ばれるスタイルで、そのずんぐりした姿から「2代目カメ号」の名にふさわしい車両であったが、その足は蒸気時代よりも速く、時速65キロメートルで同区間を17分で走破してしまった。利用者からは「特急カメ号」とも呼ばれていた、というのだから、楽しいエピソードだ。

キハ2000形は3両一気に導入され、日中は単行（1両編成）で運用されていたが、ラッシュ時には2両編成となり、1983（昭和58）年の廃線まで運行を続けた。東武鉄道が内燃式のディーゼルカーを製造したのは、このキハ2000形のみである。離れ小島のような路線だが、全般検査は、かつての西新井工場から杉戸工場でおこなわれたため、電気機関車につながれながら伊勢崎線を走行した記録が残っている。

熊谷線は、東武小泉《こいずみ》線と接続する西小泉方面への延伸計画（7ページ参照）があったようで、実現していれば小泉線と同様に電化がされていた可能性もある。そうなっていれば、熊谷駅から伊勢崎線、さらに東上線へも足を延ばす計画もあり、熊谷線の廃止は実に惜しまれる。

ちなみに熊谷線が廃止になったあとのキハ2000形は、妻沼駅が所在していた近くにある熊谷

熊谷線が専用で活躍していた27号機／1951（昭和26）年　撮影：園田正雄

熊谷線。キハ2000形3両が揃った妻沼構内／1976（昭和51）年9月15日

熊谷線。東武小泉線と結ぶ利根川の橋桁もりっぱにできていました／1976（昭和51）年9月15日

熊谷線。高崎線をオーバークロス／1983（昭和58）年5月　上熊谷～大幡（組み合わせ写真）

市立妻沼展示館にて、キハ2002号車が静態保存されており車内なども見学できるようになっている。

熊谷線の車両で、現存を確認できるのはこの展示館のみとなるが、2007（平成19）年までは茨城県の鹿島《かしま》鉄道において、同型のディーゼルカー（キハ430形）が営業運転をおこなっていた。

始発だった両国駅が果たしていた大きな役割

2012（平成24）年、東武鉄道の始発駅として、開業当時の姿に戻された浅草駅。当時の威厳を保ちつつも、隅田川の鉄橋から折り曲げられた線形はなんとも窮屈《きゆうくつ》だ。特急列車でさえ、最大で6両編成しか入線できない。

かつて東武鉄道は始発ターミナルをどこへ置くべきか、かなり迷走した時期があった。その痕跡が、現在の東武亀戸線だ。

現在の亀戸線は、スカイツリーライン（伊勢崎線）の曳舟《ひきふね》駅から分岐して、亀戸へと向かう支線である。全長3・4キロメートルと短い路線には、小村井《おむらい》駅、東《ひがし》あずま駅、亀戸水神《すいじん》駅があり、複線で運用されている。

支線であるはずの亀戸線、列車編成自体は2両編成（8000系）だが、複線を用いて（ラッシュ時6分～7分・日中10分間隔）の高頻度運転をおこなっている。実はこの亀戸線は開業当初、都心に直結する予定の本線系統だったのだ。

亀戸線は1904（明治37）年に開業したと同時に、亀戸駅から総武鉄道（現在のJR総武線）に直通運転し、両国橋駅（現在の両国駅）まで乗り入れていた。両国橋駅といえば千葉方面への始発駅として有名だが、当時の千葉・房総方面は総武鉄道、北関東方面を東武鉄道とそれぞれ運転されており、両国橋駅始発の20本（午前中9本・午後11本）のうち、東武は川俣《かわまた》駅行き6本と越谷駅行き1本、北千住駅止まりを2本受けもっていた。

東武鉄道は、総武鉄道と共通運用をおこなう両国橋駅を都心へのターミナル駅とし、そこから隅田川を渡って、省線《しょうせん》や市内線へのアクセスを図ろうとしていた。

しかし、総武鉄道は国有化され、現在の総武本線となると、再び始発ターミナルを吾妻橋駅（現在のとうきょうスカイツリー駅）に戻して駅名称を浅草駅に変更し、両国橋駅への乗り入れを終了した。そのため、亀戸線（曳舟駅〜亀戸駅）は本線としての役割を終えたのだった。

優等列車が乗り入れない「東武・亀戸本線」に私は密かな期待をしている。それは、500系「リバティ」の存在だ。500系なら3両編成の運行が可能である。亀戸駅のホーム有効スペースを20メートルだけ増設するか、1両だけドアカットすれば、亀戸駅始発の「ホームライナー」が運行可能ではないだろうか？

亀戸線内の途中駅は停車せず、亀戸駅を出ると曳舟駅まで停車しない。亀戸駅からは総武線からの利用客をターゲットとし、新宿方面からの通勤客らに好評になるのでは、と考える。複線で高頻度運転が可能。しかも、ＪＲ総武線からの乗り換えが便利な当路線を単なる支線で済ますにはもったいない気がするのだ。

２０２０（令和２）年３月24日には、１００００系４両編成による試運転がおこなわれた。３両～４両編成の短い編成での運行が可能ならば、亀戸始発のリバティも今後期待できるのではなかろうか。

【ちょっと途中下車①】世にも奇妙な北千住駅

北千住《きたせんじゅ》駅は、東武鉄道のほかJR常磐線、東武鉄道と直通運転をおこなっている東京メトロ日比谷線、千代田線、半蔵門線（曳舟《ひきふね》経由）、つくばエクスプレスが乗り入れる城北地区のターミナル駅として発展している駅である。

現在の東武鉄道北千住駅は、日比谷線直通列車のホームが3階にあり二面三線、地平部には、特急列車専用ホームが下り線先端に設けられた変則的な二面四線構造の駅となっている。

1980年代に入ると、東武鉄道沿線の宅地造成に拍車がかかり、ラッシュ時間の混雑が激化し、北千住駅のホームは乗り換え旅客や日比谷線始発列車を待つ旅客で大混雑する様相となってしまった。

ホーム面積の拡張なども検討されたが、用地の関係上難しい問題もあり、現在の構造になったわけである。この改良工事が実施される前の北千住駅は、関東では珍しい構造の駅で、二面四線の通常利用されるホームのほか、浅草寄りに日比谷線高架下を利用した別ホームが、上り線下り線ともに備えられ、待避が可能であった。

例えば、下り列車の場合、浅草方向から待避を必要とする列車は、副本線に進入しこの待避用のホーム（7番線）に到着すると、ドアを開けて北千住駅で降車する旅客扱いをおこなう。

下り本線は、特急や急行など優等列車をやり過ごしたあとに発車し、下り本線上にある

かつての北千住下り線予備ホームへの階段。横から本ホームへも行ける／1990（平成2）年5月3日

かつての北千住下り線予備ホームと退避線／1990（平成2）年5月3日

通常のホーム（3番線）で、ふたたびドアを開け客扱いをおこなう。

つまり、同じ駅に二度停車する光景が見られた。上り列車が待避する場合においては、通常ホーム（6番線）で客扱い後、副本線に進入し、待避ホーム（8番線）で停車はするがドア扱いをおこなわず、運転停車のみであった。

この上り副本線のホームは、団体列車などの際に旅客扱いをする臨時ホームとしても機能していた。したがって、二度同じ駅に停車し旅客扱いするのは下り列車で、待避が必要な列車に限られていたのである。今思い出してみても、奇妙で貴重な体験であった。

3章

あの駅、この車両の裏面史

今となっては想像できない、知られざる「あの頃」

東武動物公園に改称される前の杉戸駅は、どんな駅だった?

杉戸《すぎと》駅は、1899（明治32）年8月27日に開業した伊勢崎線と日光線が分岐する駅である。開業当初から約30年間は伊勢崎線のみの駅だったが、1929（昭和4）年4月1日からは日光線が開業し、1981（昭和56）年、東武動物公園駅に駅名改称した。浅草方面からの普通列車や日比谷線・半蔵門線からの都心直通列車の多くがこの駅で折り返すなど、伊勢崎線系統の中核的な役割をなしている。

もともと杉戸駅という駅名称だったのは、北葛飾《きたかつしか》郡杉戸町に由来するが、実際の駅の住所は南埼玉郡宮代町《みやしろまち》となっており、「杉戸駅」にしたのは古利根川《ふるとねがわ》を挟んだ対岸の杉戸町の市街地が近かったからと思われる。

杉戸駅には車両の修繕や改造をおこなう「東武鉄道・杉戸工場」があり、電気機関車や貨車が所属していた時期もあった（平成に入る頃の末期には貨物輸送の終了にともない、短編成で運用する電車の修繕も担当していた）。

役目を終えた7300系や6000系の車体が留置されていることもあった。そんな東武鉄道の中核駅に成長した転機は、「東武動物公園」の開園である。同園が開園した1981年は、北春日部駅まで直通運転をおこなっていた日比谷線からの直通運転列車が杉戸駅まで延伸することになり、現在の「東武動物公園駅」に改称したときだ。

動物公園の開園にあわせて、瞬く間に沿線の住宅地のチラシやレジャー広報誌などに改称した駅名が載り、北千住駅の連絡通路にも「準急電車で35分！　東武動物公園」とキャッチフレーズが定番になるほどであった。

これには大きな狙いがあった。東武鉄道が郊外につくった動物公園を、都心からどのようにして集客につなげるかは、日比谷線直通列車が大きく作用しているのだ。

中目黒や銀座、上野などの都心方面から来る日比谷線直通列車が、終点の「東武動物公園」という行き先を掲げてくることは、かなり良いアピールにつながる。これは、いわば宣伝経費のかからない究極のプロモーションになるわけだ。

車内放送でも、「東武線直通、東武動物公園行きです」と連呼され、地下鉄の駅の構内や路線図にも「東武動物公園まで直通運転」と書かれるわけだ。結果的に、もともとの駅名である「杉戸」はもとより、「宮代町」という地名よりも、この「東武動物公園」という駅名称が一般的になり、同駅の知名度を格段に上げた。

ちなみに構内にあった杉戸工場は、そのまま「杉戸」の名称を引き続き使用し、2004（平成16）年3月31日の機構改正にともなって南栗橋工場に編入し、杉戸工場は閉鎖された。

現在、跡地には大きな広場が建設されており、歩道スペースには、かつての線路配置をかたどったデザインや、モニュメントとして、使用されていた転轍機《てんてつき》の実物を展示するなど、かつてこの場

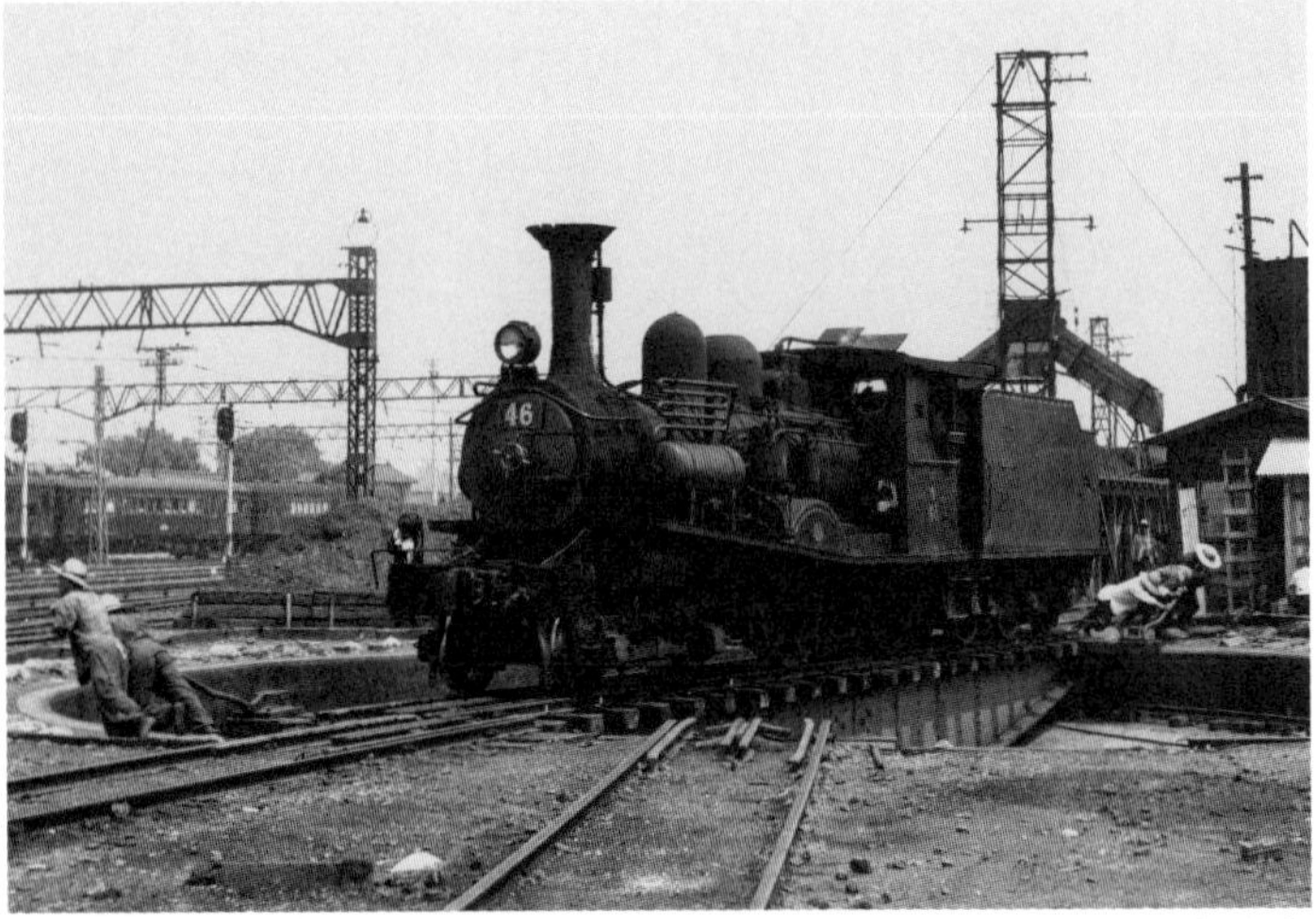

方向転換する46号機／1958(昭和33)年7月17日　杉戸機関区　撮影:中島正樹

8000系81109〜84109(4両)。方向幕はまもなく「東武動物公園」に変わる／1981(昭和56)年2月　春日部検修区

所に杉戸工場が存在していたことを物語っている。

浅草駅への超低速入線とロクサン電車の関係

ロクサン電車といえば、1944（昭和19）年に当時の運輸省や国鉄が設計した電車である。開発当時は第二次世界大戦下の真っ只中で、この体制のなかで輸送力増強を目的に登場した。

現在の通勤電車のスタイルにつながる20メートル級車体に、片側4つの扉がついた仕様であった。車両を製作するための物資が不足しているなかで、できるだけ節約し簡略化した車両で、形式は63系と呼ばれていた。

この63系は大都市の国鉄主要各線に導入されていったが、民鉄にも安全面などを向上した同型車両が充当され、東武鉄道でも同型の電車を63系（6300系）として40両も導入した。東武鉄道としては初の大型車体となり（従来は16〜18メートル級車体が主であった）、2両編成1組で組成され、戦後の混乱のなかを輸送力増強に向けて活躍した。

63系が導入されるにあたって、車両同士をつなぐ連結器にも変化が現れ、従来東武鉄道が使っていた「自動連結器」ではなく、国鉄仕様の「密着連結器」が初めて採用された。

密着連結器は自動連結器にくらべて、力行《りっこう》や停車時の車両同士の動揺が少ないほか、ブレーキ機構も同時につなぐことができるため、増結や切り離しの多い電車の運転に非常に適したものである。

東武車体長20m車のきっかけをつくった昭和20年代初期の63系　撮影：宮松金次郎

そんな密着連結器を用いた車両トラブルが、東武鉄道独特の事情で頻発したことがあった。トラブルが頻発した場所は、浅草駅である。

登場当初の63系は車体が大型なため、カーブのきつい浅草駅には入線しない運用に限定されていた。その理由としては、車体が大型なことに加えて、国鉄形由来から受け継いだ密着連結器である。

従来の仕様にしていた自動連結器では、車両同士の分割併合機能のみで、ブレーキ機構や電気系統を共有するためには、車両端部連結器付近にあるジャンパ栓（電気系統）で、空気弁・エアーホース（ブレーキ系統）を共有させていた。

密着連結器の場合、連結器そのものにブレーキ機構を共有する機能が付いていて、車両同士が連結すると、ブレーキ機構も共有できる仕組みになっている。そのため、車体の大きな63系が浅草駅のきついカーブに差し掛かると、連結器同士に隙

浅草駅構内の急カーブ。浅草駅の構内配線は開通時と終戦直後と変わらず　花上嘉成 蔵

間が生じ、そこからブレーキのエアー漏れが発生し、ブレーキが緩解《かんかい》できなくなるトラブルが発生していた。

しばらくすると、63系は従来の自動連結器に変更されてしまった。また、浅草駅の急カーブは制限速度が15㎞／hとなっている。少しでも高い速度で入線してしまうと、ホームと車体の接触も発生してしまうため、現在でも「歩く速度並み」の入線速度となっている。

連結器に加え、各駅のホーム高さも問題になった。東武本来の車両は、出入口部はステップ付きであったが、6300系にはそれがなかった。出入部と床面はフラットであった。そのため低いホームとは、大きな段差ができ大変乗降しにくかったからともいわれている。

国鉄線とあちこちで線路がつながっていた頃

貨物輸送が盛んな東武鉄道は、かつて国鉄（現・ＪＲ）線とさまざまな場所で線路がつながっていた。これは、旅客列車が直通運転する目的ではなく、東武鉄道沿線の工場から出荷された荷物を載せた貨車を全国に送り出すためだ。

そのため、東武の貨車が国鉄線を走行していたし、国鉄の貨車もそのまま東武線に乗り入れていた。国鉄線との線路幅も１０６７ミリメートル、架線電圧も直流１５００Ｖと共通で、信号関係の制約を考えなければ、物理的には電車や機関車も直通運転が可能である。

貨車は、基本的に荷主工場で荷下ろし後は、所有者に返すというのがルールであるが、厳密な管理はおこなっていなかったため、そのまま国鉄線で使用されていることも多く、なかには荷主工場から返却されずにそのまま放置されてしまった事例もあるようだ（現在でも、コンテナが海外の荷主まで輸送されたのち、返却されなかった例がある）。

さて、東武の線路は国鉄線につながっていたわけだが、現在のスカイツリーラインの北千住駅付近やアーバンパークラインの大宮駅や柏駅、かつて地上駅だった船橋駅などにも、国鉄線と接続できる線路は存在していた。

スカイツリーラインの北千住駅の場合、地上駅だった頃は、東武と国鉄のホームが平行に並んでいて、そのあいだに貨物ヤードがあった。貨物ヤードでは、ＤＤ13などのディーゼル機関車が貨車の入れ替え作業をおこなっていた。

その貨物ヤードの隅田川寄りに、東武へとつながる分岐器があって、貨車の授受はそこでおこなわれていた。東武の新型車両も、この分岐器を渡って搬入された。

東武鉄道には、営団地下鉄（現・東京メトロ）の車両基地がある。場所は、西新井駅～竹ノ塚《たけのつか》駅のあいだで、もともとは東武鉄道・西新井電車区として機能していたものを、１９６６（昭和41）年に譲渡したものだ。その関係から、たびたび営団地下鉄の新型車両も北千住の分岐器を使って、国鉄線から搬入されたこともあり、開業時は地上に車両基地をもたなかった営団地下鉄東西線の車両も、一時ここを使って竹ノ塚の車両基地に搬入されたこともあった。

現在は北千住駅の改良工事にともない、貨物ヤードと国鉄線との分岐器は撤去されてしまったが、過去にはこのような他社線との接続ポイントを多く見ることができた。

今でも、ＪＲ（旧・国鉄）と線路が接続されている駅がある。それは、栗橋駅である。この駅は、２００６（平成18）年3月18日から始まったＪＲ新宿駅～東武日光・鬼怒川《きぬがわ》温泉駅間での直通運転のため、東武とＪＲの相互の列車が乗り入れることのできる短絡線を、新たに設置したものだ。

この場所にはホームは設けられておらず、乗務員交代がおこなわれるために専用のデッキのみが設置されている。大量に相互輸送はおこなわれていないものの、現在でも東武とＪＲとでは輸送が共有されているところがあるのだ。

西板線は、なぜ未成線の運命をたどったのか

鉄道は路線計画をするにあたって、建設から運営までどのくらいの費用対効果があるかを徹底検証する。なかには計画を進めていく段階で、あまり期待していたほどの効果が見込めない場合や、沿線周辺の環境や社会情勢などで、計画が頓挫《とんざ》したり、場合によっては工事を開始してからも計画の中止があり得るのだ。

東武鉄道にもそのような路線がいくつかあるが、そのうちの一つが、東武・西板《にしいた》線計画である。東武西板線は、スカイツリーライン（伊勢崎線）の西新井駅から環七通りに沿う形で、足立区の鹿《しか》浜《はま》、北区の神谷を通り、東上線の上板橋駅に接続する形で計画されていた（7ページ参照）。

この路線は、伊勢崎線系統と東上線系統を接続させることにより、相互の路線の車両のやりとりが容易におこなわれることも目的としていた。現在の大師《だいし》線（西新井駅〜大師前駅）がその路線の一部で、1931（昭和6）年に西新井大師への参拝客を考慮して最初に開業させた路線だが、その後の延伸は、「交通網の現状から考えて中止となった」と聞く。

しかし、西板線が計画された1920年代は関東大震災（1923年9月1日発生）で、都市計画が再編されたこともあり、この影響が大きかったのではないかと推測する。

上板橋駅は、都営地下鉄三田線が延びる計画もあった。三田線との相互直通運転計画は、都市交

通審議会答申第6号によるもので、志村（現・高島平）に延伸するとともに、大和町（現・板橋本町付近）から東上線の上板橋駅に至る分岐線設定をおこなうというものだが、残念ながらこの計画も実現せず、頓挫してしまった。

その理由としては、池袋駅を通り巣鴨《すがも》経由で行く場合、現在の三田線のルートでは都心部へ乗り入れるのに大きく迂回《うかい》するルートになってしまうことである。そのことにより、池袋をターミナルの基盤としてきた東上線においてバイパス的に三田線ルートを活用したとしても、その効果は限定的とした見方が強かったそうだ。

地上線時代の大師線（終点から先の不使用部分）。大師前から池袋方面に向かって線路が敷設されていた／1967（昭和42）年11月　大師前

現在の三田線の西高島平駅〜高島平駅は東武鉄道が建設する予定だったため、計画が中止になった際に、東武鉄道から東京都交通局に路線免許を授受した。当時、東京都交通局では、東

武鉄道が自身の利益確保のために一方的に計画を中止させてしまった、というイメージが浸透していたが、東武鉄道としては地域の交通発展の計画変更を決断したという言い方をしている。

東上線は、のちに開業した営団地下鉄（現・東京メトロ）有楽町線と和光市《わこうし》駅を起点に、相互直通運転を開始し、池袋駅を軸とした都心部への乗り入れを果たしている。

一方、三田線は30年以上経過した２０００（平成12）年に、東急目黒線との相互直通運転を果たし、横浜方面と都心とのアクセス向上の役割を担っている。

浅草～東武日光間を10分短縮するための試練と闘い

昭和30年代、鉄道各社は列車のスピードアップに取り組んでいた。国鉄では１９５７（昭和32）年９月に、小田急３０００形（ＳＥ車）を借り入れ、東海道本線で当時の狭軌鉄道世界最高速度１４５㎞／ｈを達成するなど、高速運転は鉄道界の必須課題だった。

私鉄各社も、同時期に列車のスピードアップの研究が進められており、１９５５（昭和30）年に高速度運転調査中央委員会を設立し、翌年８月に東武鉄道の浅草～東武日光間で、試験走行がおこなわれた。この試験の目的は、曲線区間における許容速度の向上で、吊り掛け式駆動の５３２０系と平行軸カルダン式（中空軸平行カルダン式駆動）の１７００系を使い、直線区間２か所、曲線区間５か所で、道床やバラスト、道床振動、レール垂直圧力、車輪による横圧、レール頭部の横移動量が測定された。

試験車両の5320系はモハ5323+クハ343の編成で、8月13、14、16日に、柳生《やぎゅう》～藤岡間、堀切《ほりきり》～牛田《うしだ》間、板荷《いたが》～下小代《しもごしろ》間で、1700系はモハ1703+モハ1704の編成で、8月20、21、23、25、27、31日、9月3日に、板荷～下小代、藤岡～静和《しずわ》、柳生～藤岡、杉戸（現在の東武動物公園）～幸手《さって》、春日部《かすかべ》～姫宮、一ノ割《いちのわり》～春日部、堀切～牛田間で各項目の測定を実施し、9月19、20日には1700系で、杉戸～幸手間で制動試験をおこなった。

これにより、各軌道における改良点などが示され、のちのスピードアップに対応する準備が整えられた。

東武特急はこの高速試験前の1958（昭和33）年4月に、浅草～東武日光間を2時間を切る1時間55分運行をおこなっていたが、国鉄が1959（昭和34）年に157系電車を投入し、新宿・東京～日光間を1時間58分で運転する準急「日光」の運転を開始した。東武鉄道としてもこれに対抗するため、新特急車1720系（DRC）の開発とスピードアップの必要性に迫られた。

1720系は、1960（昭和35）年10月に登場したが、この年の11月29日に、6両の1720系から中間2両を抜いた4両編成にして、直線区間で115㎞／h、曲線区間で5㎞／hアップを目標とした走行試験をおこなった。編成は1721+1722+1725+1726号だが、非常ブレーキをかけた際、車輪にフラットが発生し、翌日からの試験は1700系が代行した。

この結果、振動やレールの押出しなど、許容限度を超過する件数が23か所のほか、電圧降下もあ

業平橋（本社）に展示された新特急車1700系白帯車／1956（昭和31）年2月25日

特急1720系。雪の日光連山を背に／1961（昭和36）年2月　上今市〜下今市

ることがわかり、この改良にかかる費用は当時の額で約1億3600万円と試算された。1956（昭和31）年の試験でもわかるように、車両の性能がアップしても、軌道が脆弱《ぜいじゃく》ではスピードアップがかなわないということが、実証されたわけだ。

改良費があまりにも高額となるため、直線での最高速度を110㎞／h、運転時間10分短縮を目指すことに変更し、1961（昭和36）年8月25・28日に1720系6両編成による高速試験をおこなった。

さらに、10月6日から翌年の2月16日にかけて、9回の高速試験を実施し、問題箇所の最終的なチェックを経て改良がおこなわれた。

1962（昭和37）年9月、軌道の改良や変電所の増設などが完成したことで、22日にダイヤ改正をおこない、最高速度110㎞／h、浅草～東武日光間106分運転が開始された。

たかが5㎞／h、たかが10分と思われるが、運行時間をたとえ1分縮めるだけでも、大変な努力と苦労をともなうことがうかがえるだろう。

世代によって〝想い出の車両〟が異なる、臨時団体専用列車

関東圏の人の学生時代の修学旅行といえば、新幹線などの長距離列車で京都、航空機を利用して九州や北海道が多い。首都圏の広いエリアを運行する東武鉄道でも、小学校などの宿泊行事である

野田線を行く5700系快速「たびじ」／1974（昭和49）年　南桜井

移動教室（林間学校）にともなう輸送を古くからおこなっている。

栃木県の日光市に、東京近郊の教育委員会が校舎と宿泊施設をもち、春から秋にかけての行楽シーズンに移動教室（林間学校）がおこなわれている。小学校の高学年時におこなわれる行事から、実質のプレ修学旅行という位置付けであろう。

このシーズンになると、東武鉄道では浅草駅や北千住駅などから、学校行事の移動を目的に団体専用列車が仕立てられる。

筆者も、北千住駅から東武鉄道の団体専用列車に乗車した思い出がある。当時は通勤車両の８０００系が使用されていて、前面には「快速・たびじ」という愛称板のサボ（行先札）が付いていた。

８０００系は通勤用であるため、トイレなどは設置されておらず、途中の新大平下駅でトイレ休憩（東京都が管理費を出していた）と運転休憩をおこなって

東武日光に到着した8000系快速「林間学校」（右）／1982（昭和57）年7月　東武日光

いた。

列車の運行は、関連旅行会社である「東武トラベル」に申し込む形だ。当時は一編成貸切というわけではなく、周辺の学校と合同で仕立てた専用列車であった。学校やクラスごとに乗車する車両が分かれていて、友達同士楽しい時間を過ごしながら移動したことを覚えている。

東武鉄道では、度々この「快速・たびじ」が運行されていたが、８０００系のみならず、５７００系や７８００系など、使用された車両はその時代によって違いがあり、世代によって「快速・たびじ」の思い出が異なることであろう。

２０１８（平成30）年8月19日には、旅行会社が主催した団体ツアー「セイジクリーム塗装・東武８０００系　快速たびじ号と東武博物館、鉄道博物館。日帰りの旅」がおこなわれたのも記憶に

夏は団体専用快速「林間学校」に乗って／1982(昭和57)年7月　堀切

新しい。

この団体ツアーは、東武博物館が所有する動態保存車両（８０００系・８１１１編成６両）がツアーの団体専用列車として、東武博物館の最寄駅である東向島《ひがしむこうじま》駅から、途中春日部駅で転線（渡り線を通過）し、鉄道博物館の最寄駅である大宮駅まで運転されたのだ。

車両の前面に、団体専用列車の証しである懐かしの「快速・たびじ」が表記されたヘッドマークを誇らしげに掲げて走る姿には、沿線でも多くの鉄道ファンがカメラを構えていた。

最近ではバス利用での林間学校も増えており、団体専用列車である「快速・たびじ」の出番は少なくなってしまった。

しかしながら、団体専用というわけではないが、現在でも行楽シーズンとなると臨時列車は多く運行されており、野田線開通１００周年を記念して伊勢崎線急行用として運行されていた1800系（1819編成）が、柏駅から南栗橋《みなみくりはし》車両基地へのイベント会場へ運転されたり、30000系が東急田園都市線の長津田《ながつた》駅から東京メトロ半蔵門線を抜けて、東武伊勢崎線の太田駅まで運転した「フラワーエクスプレス号」などの臨時列車が運行された実績がある。

これからも広大なネットワークを活かして、アイデアに富んだ臨時列車の登場に期待したい。

岡山でも活躍した東武の路面電車を見る方法

東武鉄道は何でも物持ちが良く、車体を載せ替えて長いあいだ活躍したり、東武鉄道での活躍を終えたあとに新天地での活躍が待っていた車両もある。

そんななか、日光軌道線で活躍していた路面電車100形は、遠く離れた岡山県の事業者で活躍した実績がある。

100形が譲渡されたのは岡山電気軌道で、岡山の市街地を走る路面軌道だ。所有路線は、東山線（岡山駅前～東山・おかでんミュージアム間3・1キロメートル）と清輝橋《せいきばし》線（柳川～清輝橋間1・6キロメートル）を運行している。東武から譲渡された100形も、この2つの路線を走っているのだ。

100形の誕生の経緯は、日光軌道線の近代化にある。戦中戦後の過酷な時代に同線の電車たちは活躍を続けたが、戦後高度成長期に入って来ると、浅草方面から豪華な５７００系が登場し、日光にも来るようになったが、日光散策に用意されていたのは、くたびれた路面電車だった。

その改善策として、近代化を象徴とした１００形が登場した。１９５３（昭和28）年のことであった。１００形は、若草色を主体に明るいオレンジをあしらった外観で、日光の山々にとても映える色で好評だった。

また、山岳地帯を運行するのに備えた走行性能は非常に高く、最大傾斜60パーミル（１０００メートル進むと、60メートル上がる／下がる）に十分応えることのできる能力をもっていた。

しかし、１００形が登場してわずか約15年後の１９６８（昭和43）年2月に、日光軌道線は道路事情の変化とともに邪魔扱いされ、廃止となってしまった。

当時車歴が若かった１００形は、全車両が岡山電気軌道で活躍することになり、全10両がそのまま新天地である岡山に譲渡された。現地での運行に備えて、岡山電気軌道の標準の仕様（石津式パンタグラフへの交換や、行き先表示器の移設、ワンマン化対応）の工事がおこなわれた。

岡山電気軌道では３０００形を名乗り、現在でも2両が活躍している。そのうち３００７号車はイベント装飾がおこなわれ、岡山城をイメージした「ＫＵＲＯ」の愛称が付けられ、３００５号車は日光軌道線の塗装に復元された。

ちなみに２０１３（平成25）年4月に廃車になった３０１０号車は、日光霧降《きりふり》高原チロリン村に無償で譲渡され、元の日光軌道色に戻された。さらに２０２０（令和2）年には、東武日光駅のシンボルとして、駅前に展示された。実は以前、同じ日光市（今市）に、２００２（平成14）年から保存（個人所有）されているほぼ原形に近い元１０３号は展示を断られていた。オリンピックに合わせて原形とは言い難いチロリン村の元１０９号が展示されたのは不思議だ。

数奇な人生をたどった2つの魔改造車両の物語

東武鉄道には、さまざまな「魔改造車両」が多くある。車体の持ちがよく、部品を交換することによって、長く大切に使われているからだ。

そもそも「魔改造車両」とは、どのような車両のことをいうのか？　一般には、プラモデルフィギュアや模型に対して、愛好家が本来の完成見本とは違うオリジナル品につくり変えることであって、簡単にいうと模型の改造である。

このことから「魔改造車両」とは、一部の模型好きの鉄道愛好家から発したワードと思われる。つまり東武鉄道の車両には、元の形式からは想像がつかないほどまったく異なった改造車両が多くあるのだ。

これまで紹介した６０５０系や１７００系などはもちろん、これから紹介する2形式は、魔改造車両のなかでも特異な運命をたどった車両である。

まずは、２０８０系から紹介しよう。２０８０系は、日比谷線直通用として１９６１（昭和36）

年に登場した2000系が原型である。登場当初は、東武鉄道で初めての高性能電車として当時の最新技術が注ぎ込まれ、特急列車が必要とする高い性能（高加減速）をもち、また履いている台車も立派なものであった。

そんな2000系も、平成の時代には後継車両である20000系に押し出される形で引退していったが、そのなかでも車歴が若い一部の車両が、野田線で再利用されることになった。再利用されるのは、編成を4両から6・8両と長くしていくときに製造された経年の若い中間車両で、それらを寄せ集めて6両編成を2本つくった。当初は4編成つくる計画であった。

改造にあたっては、中間車両を先頭車に改造するために前面が取り付けられ、モーター比率などを、野田線の走行環境に合わせて4M2T（4両モーター車、2両トレーラー車）にするなどさまざまな改造がおこなわれた。しかし、空調装置などは搭載されることはなく、また車体も18メートル級（当時の東武の標準は20メートル）と大規模な改造がおこなわれた割には、乗務員、利用者からもかなり不評の声が上がっていた。わずか4年で運用終了となってしまったが、車両全体がかなり傷んでいたためであった。

もう1つは、1800系である。1800系といえば、伊勢崎線の急行「りょうもう号」として活躍した名高い車両である。

そんな1800系も後継の200系にその座を譲ることになり、廃車が始まった。その200系もすでに廃車が始まっている。

日比谷線乗り入れ車2000系から野田線用に改造された6両固定2080系／1992(平成4)年9月27日　七光台検修区

ファンデリアの付いた2080系車内／1992(平成4)年9月　七光台検修区

発車を待つ末期の2080系2182編成／1992（平成4）年10月　大宮駅

特急車1800系を改造一般化した1812編成と1811編成（右）／2006（平成18）年5月22日　西小泉

最後の旅。廃車回送1800系改造車／2007（平成19）年1月19日　館林～渡瀬

その当時、館林から先のローカル線で旧型車両の淘汰《とうた》が始まり、代わりに1800系の一部の編成も通勤用車両への改造を施して、館林エリアで運行されることになった。観光バスなどの路線格下げはよく聞く話だが、優等鉄道車両の通勤車格下げはあまり多くはない。

6両編成だったものを4両編成に短縮し、車体の塗装も当時の東武鉄道・通勤標準色（白地にブルーとスカイブルーの帯）に変更され、愛称板にはLED式の行き先表示器が新設された。

車内も一部の座席が取り外され、代わりにつり革が新設されるなど改造されたが、乗降口は片側2か所のままで、まさに「魔改造車両」と呼ぶにふさわしい車両であった。こちらもわずか6年くらいの短い活躍であったが、2080系、1800系通勤タイプとともに、東武の車両ネタを語るのに欠かせない車種である。

東武ならではの改造を施した、国鉄流れのロクサン・ナナサン

1945（昭和20）年8月、太平洋戦争は終結し、人々に平和が戻ってきたが、空襲によりどの鉄道路線も荒廃していた。

東武鉄道は埼玉、千葉、群馬、栃木県などを結ぶ路線をもっており、食料を求めて東京から買い出しに出る人々が詰めかけた。被災した車両も多く、数両の短い編成では、通勤・通学の足にも影響をもたらし、電車の増備が急務となっていた。

車両不足は、東武鉄道のみならず、日本全国のどの路線も同じ状況だったことから、運輸省（現在の国土交通省）は、各私鉄が独自の仕様に対応した電車を製造するより、同一車両を数多く製造して大手私鉄に配給する方針とした。

車両は、当時国鉄が使用していたモハ63系で、戦時中の1944（昭和19）年から、国鉄と当時の運輸通信省鉄道総局（戦後の運輸省）が製造していた電車だが、物資が不足するなかでは「とにかく動けばよい」といわんばかりのつくりだった。

東武鉄道には、1947（昭和22）年に40両（最終的には他社等からの譲渡などで58両）が入線するが、車内は座席や運転台との仕切りなどが簡素な板張り、屋根の骨組みもむき出しで、他の車両と比較すると、あまりにもお粗末だった。

ボロボロになった解体直前の東武最後の7300（元63）系／2018（平成30）年2月19日（東武動物公園内にて）

車号は国鉄の63系に由来して6300系として運転を開始するが、すぐに台枠の破損事故が起こってしまう。さらに台枠に歪《ゆが》みのある車両も見つかるなど、急造車両の弊害が生じていた。

そして、1951（昭和26）年4月24日に国鉄の63系が桜木町駅で火災事故を起こし、多数の焼死者を出してしまった。架線と車体が接触しショートしたのが原因だが、脱出を妨げる要因が多く、とくに小さな三段窓は問題視された。

客室の窓は、現在ならガラスを上下させるが、三段窓は、中央を固定し、下窓と上窓が上昇する仕組みだった。そのため、中央の固定窓が邪魔をして乗客が脱出できなかった。

窓を三段にしたのは、不足するガラスの使用を極力少なくすることと、割れた際も小さいガラスの交換で済むようにするためだが、もう一つ理由があった。

戦時下の電車は、今のように冷房も扇風機もない時代で、混んだ電車では窓を開けて風通しを良くしないと、夏場はサウナ風呂状態となる。窓は二段式だが、下段のみが上昇する仕組みで、窓を開けるとなると座っている人に風があたる。髪が乱れる、帽子が飛ばされるなどの理由でなかなか開けたがらない。そこで、東武の63系では上段と下段が独立して上昇する方式としていた。

この事故を受け東武鉄道は、形式を7300系に変えるとともに窓の二段化や絶縁強化をおこなったが、もともとの車体が簡易的なつくりのため、1959（昭和34）年から7800系に準じた新しい車体に載せ替える更新工事を開始した。

更新工事の基となった7800系は、6300系を基に1953（昭和28）年に製造した車両で、機能的には6300系に準じているが、車体は前面に貫通扉を配するなど、東武鉄道独自の思想も取り入れられていた。

時代の要請に翻弄された荷物電車は復活するか？

関東北部に広がる東武鉄道は、需要の高い旅客輸送と貨物輸送を中心に沿線の発展に貢献してきた鉄道である。

貨物輸送では、石灰石や燃料などの原料輸送ばかりではなく、小荷物などを中心とした荷物輸送もおこなっていた。昭和2（1927）年頃に製作された木造電車が旅客輸送目的の用途から外れて、高度成長期には荷物電車として改造された車両がいくつか存在した。

例えば、モハ1400形は1928（昭和3）年製の半鋼製電車だったが、モニ1470形荷物電車として改造された車種である。一両単独として旅客ダイヤの合間を縫って、業平橋（とうきょうスカイツリー）まで姿を見せていたこともあり、鉄道ファンのあいだでは名脇役としての存在でもあった。

東武の荷物電車は、1965（昭和40）年頃には東上線で単独で（1190号）活躍していた時期もあり、モハユ3290号は旅客列車3000系などと併結をし、編成の先頭に立つこともしばしばあった。かつて、西新井にあった西新井工場では、車両の改造や修繕をおこなっていて、末期は構内の入れ替え用の牽引車両として、モニ1473号が活躍していた時期もあった。

定期検査などは、東武動物公園駅構内にある杉戸工場でおこなわれていた時期もあり、西新井駅（上りは鐘ヶ淵）～東武動物公園駅間の本線上を走行することもあった。吊り掛けモーターの甲高い音を響かせながら、高速で走行していた。

晩年のモニ1470形1473号は西新井工場から出ることはなく、構内の車両入れ換えのみに従事することになり、もはや車両ではなく、アント（入換機）と変わらない扱いになってしまって、車籍の存在もなかった。

工場の建物と壁の隙間からその姿を見ることはできたが、本線を疾走するような面影はすでになかった。東武の荷物電車の歴史は、貨物列車のような目立つ存在ではなく、いつの間にかひっそり

西新井工場最後の入換機(旧モニ1473号)/2004(平成16)年

と消えてしまった。

しかしながら、2016(平成28)年に東京メトロとの合同実証実験で、旅客鉄道車両を利用した宅配システムがおこなわれた。これは東武鉄道と東京メトロ、宅配事業社であるヤマト運輸、佐川急便、日本郵便が計画したものだ。東京メトロの車両基地にヤマト運輸などのトラックが乗り入れ、荷物を電車内に持ち込む。

東京メトロの新木場車両基地から東武東上線の森林公園検修区までの輸送を鉄道がおこない、それ以降はまたトラックに載せ替える。荷物専用の車両を用いた実験ではないが、少子高齢化で沿線利用者が減少していく傍《かたわ》らで、通販などの宅配需要が増えている。かつて不要となり消えていった荷物電車の活用がここにきて、新たに再考されるようになったのは、時代のニーズの変化を象徴しているといえるだろう。

4章
深掘り！ 魅惑の東武博物館
開館秘話や驚きの展示アイデア…を知り尽くす

「仮称・東武鉄道交通博物館」構想とは

皆さんご存じの「東武博物館」は、東武鉄道創立90周年の記念事業として、１９８９（平成元）年5月20日に、東向島《ひがしむこうじま》駅の隣接地を利用し開館した。

ここには、民営鉄道で一番といえるほどの、展示物や資料が揃っている。私も学生の頃から数えれば、おそらく数十回訪れている施設だ。学生の頃は、驚きと発見を楽しみ、最近では、自身への知見や検証のために、訪れている。

とくに技術系の展示物（軌道関係や台車など）は、個人的には非常に役だっており、これら鉄道技術へのこだわりは、東武鉄道ならではのものだと、私は確信している。８０００系の動態保存車などは、その最たるものであろう。

この博物館建設に向けた動きは、１９８６（昭和61）年11月から開始された。当時の資料「（仮称）東武鉄道交通博物館建設　基本構想策定調査」によると、大学の教員や設計会社、地元行政、建設会社、そして同業他社の担当者などから編成された調査委員により、予定地の人口、昼夜間の人口比率、周辺の交通網や予定地最寄駅の乗降数、周辺の商工業の状態、地域の特性調査、地元への貢献度などが吟味《ぎんみ》され、博物館本館は玉ノ井駅（現・東向島駅）の隣接地に決定された。

資料には、半蔵門《はんぞうもん》線の松戸《まつど》延伸や有楽町線の亀有《かめあり》延伸の計画で、玉ノ井に駅の設定が記されているが、現在においても未着工状態となっている。

本館と書いたのは、実は周辺に別の展示施設を設け、見学者に回遊性をもたせるというプランもあったようだが、これは実現していない。その場所とは、曳舟《ひきふね》駅隣接の三角地（スカイツリーライン・亀戸線と京成線が交差している東武社有地）と、業平橋《なりひらばし》駅構内である。

三角地は、公道からのアプローチに難があり、業平橋駅構内は、2012（平成24）年に東京スカイツリー®が開業している。もっとも、東京スカイツリー®が誘致されたのが2004（平成16）年頃だったので、1986（昭和61）年当時には、遊休地であったのだろう。

そのほかにも、西新井工場なども名が挙がっていたが、同工場は2004（平成16）年に廃止されている。このような流れに合わせ、東武博物館の目指すものも策定されている。

博物館に展示される予定だった車両の一例を挙げておこう。保存車両として、熊谷線の気動車キハ2001が、当時の保管場所である東武動物公園駅構内から移動される予定であったが、実現しなかったのは残念である。ちなみに、キハ2001は、杉戸工場に移動後、解体されてしまった。現存するのは熊谷市立妻沼《めぬま》展示館に保存されているキハ2002のみである。

東武博物館の趣旨は、要約すると、長い歴史をもつ東武鉄道の「らしさ」をもちあわせ、大人から子供までが、何度訪れても新鮮味を感じられる、交通文化を伝承する格式高い施設作りを考慮し、開館されたそうだ。

何度も来館している私が、一来館者として表現するならば、「東武鉄道は、きちんと目指すものに

東向島駅高架下に建設された「東武博物館」

東武鉄道として初めての電気機関車。東武鉄道を引退したあとは近江鉄道で1988年まで運用されていた

到着している、遅延なし！　定時運転！」である。

驚き！　保存車両にも魔改造を施す

鉄道車両は、自動車などと違い使用する期間が長い。例を挙げれば、阪堺電気軌道のモ161形電車は、1928（昭和3）年製造で93歳であるが、今日でも立派に現役車両として運用されている。

これは特別な例だとしても、鉄道車両はおおむね30～50年ほど使われるのが普通である。長期に使用されるうちには、需給の関係で違った仕様に改造されることもよくある。機関車が牽引する客車を、気動車や電車に改造した例もままあるし、中間車を先頭車、逆に先頭車を中間車に改造することも、珍しいことではない。

そんな車両改造のなかでも、思いもよらない姿に改造されたり、大きく改造した割に結果があまり変わらないようなものを指して、「魔改造」と呼ばれるものがある。

東武鉄道は、民鉄では東日本一の路線距離を誇る。当然、各路線に適した車両も多く所有しているので、3章で触れたとおり現在でも過去にでも、多くの魔改造と思われる車両が在籍してきた。

最近の例でいえば、日比谷線乗り入れ用の20050系を、閑散区間用にワンマン4両編成とした20430系の5扉車を3扉にするために、埋められたドアの部分。アリアリと存在を自己主張

20430系　5扉を3扉に改修、ドアのような外板（窓付き）を埋め込む／2019（令和元）年5月7日　栃木

しているあたりは、やはり魔改造と呼んでも良いと思う。

20000系といえば、その前任車2000系も、日比谷線での活躍を終了したあとに、中間車のみで短編成化し、2080系と称して運用されていたが、先頭車化に際しては、後任の20000系とそっくりなお顔を据えられていた。これは、完全に魔改造といえるだろう。

さて、表題のとおり「保存車両にも魔改造」といえば、東武博物館に収蔵されている5700系モハ5701号にほかならない。同車は、1951（昭和26）年に汽車製造（現・川崎重工業）で製造され、日光・鬼怒川方面への優等列車として活躍していたが、（車両の連結部を通り抜けできない）非貫通型だったため、増解結（連結と切り離し）に際して不都合も発生していた。

そこで、1960（昭和35）年に貫通型に改造

5701号　半流貫通型の前頭部を切断して、猫ひげ前頭部を取り付ける準備／2009(平成21)年3月31日　東武博物館

5701号　独特の猫ひげ流線型になってきました／2009(平成21)年4月11日　東武博物館

ようやくかつての5700系の顔らしくなって／2009（平成22）年5月15日　東武博物館

されている。これも魔改造にあたるのかもしれないが、ここからが本題である。その後、1991（平成3）年までに5700系は全車引退をするも、当車は東武動物公園駅構内で長期保管されていた。

2009（平成21）年、東武博物館のリニューアルに際し、当車は同博物館に展示されることになったが、なんとその際にオリジナルの非貫通型に再度改造されている。

しかも、鉄道車両の先頭部分を製作している専門業者に、当時の図面から金型を製作させて製造した本格的なものだ。すでに引退して走ることはない車両に対して、現役の車両と同じ規模の改造を施すなどということは、魔改造の極みかもしれない。

そこには何があった？ 玉ノ井駅の艶っぽい歴史

東武スカイツリーライン浅草駅から3つ目の「東向島駅」。この駅の高架下には、東武博物館が併設されているので、下車したことがある人も多いだろう。

この東向島駅は、1987（昭和62）年12月21日に「玉ノ井駅」から改称された駅名で、さらに1902（明治35）年の開業時は「白鬚駅《しらひげ》」と名乗っていた。

白鬚の名称は、西方の隅田川近くにある白鬚神社に由来しており、隅田川に架かる橋も「白鬚橋」の名前が付けられている。開業して間もない1905（明治38）年、荒川放水路工事の影響やまだ利用客が定着していなかったことで営業休止となり、1908（明治41）年に正式に廃止された。この廃止駅が、思わぬ事態で復活することとなる。1923（大正12）年9月1日、関東を襲った大地震は、繁華街で栄えた浅草の街にも壊滅的な被害を与えた。浅草の繁華街の一角には、銘酒屋の看板を掲げた私娼（当時の公娼制下、公認されていない娼婦）の色街が置かれていたが、震災の復興に際して銘酒屋の再開は認められず、この地に移転を余儀なくされた。

場所は、現在の東向島駅から鐘ケ淵《かねがふち》駅に向かう途中、水戸《みと》街道に向かって延びていた「水戸街道」沿い（現在の墨田5丁目あたり）で、私娼が集まれば客も集まり、1924（大正13）年に駅が再開された。再開に際して駅名は、当時の地名だった東京府南葛飾《みなみかつしか》郡寺島《てらじま》村内の地名に使用されていた

「玉ノ井」が採用された。

この玉ノ井の名を一躍有名にしたのが、１９３７（昭和12）年、朝日新聞に連載された永井荷風《ながいかふう》の小説『濹東綺譚《ぼくとうきたん》』だ。小説家と私娼の出会いと別れを描いた作品は、荷風の最高傑作ともいわれている。

小説には、１９２８（昭和3）年から１９３６（昭和11）年までのあいだ、この地を走っていた京成白髭線の廃線跡も描かれ、当時の玉ノ井を知ることができる。

１９４５（昭和20）年の東京大空襲では街も駅も焼失し、駅は営業休止となってしまう。銘酒屋も消失したが、すぐ近くの「いろは通り」北側（現在の墨田3～4丁目あたり）で営業を再開する。カフェ風に変えられた店舗は、最盛期には約１００軒以上も立ち並び、娼婦も３００人近くがいたという。やがてこの地は「鳩《はと》の街」と呼ばれるようになり、吉行淳之介《よしゆきじゅんのすけ》の小説『原色の街』の舞台ともなった。

戦火を受けた玉ノ井駅は、4年後の１９４９（昭和24）年に営業を再開したが、１９５６（昭和31）年の「売春防止法」施行により、鳩の街ではたらく女性らは姿を消していってしまった。

だが、迷路のような町並みは、令和になった現在でもしっかり残っていて、一部では当時の建物も残っている。「玉ノ井」という土地（町）にはそんな歴史もあったことから、駅名改称の際には、玉ノ井の歴史を知る住民から多くの反対があったが、最終的に、駅標に「旧玉ノ井」をカッコ書きで入れることで収まった。

玉ノ井駅（現・東向島）／1987（昭和62）年12月19日

東向島駅北側にある「玉の井いろは通り」かつての赤線地帯はこの通りの北側にあった

1989（平成元）年5月20日からは、「東武博物館」がオープンし、子供たちの楽しそうな声が飛び交う場所になった。多くの人間模様が生まれた東向島（旧玉ノ井）――。かつての大人の憩いの場から、今日では、子供から大人までが楽しめる場になったことは、とても素晴らしいと思う。

出色のアンティーク！ キャブオーバーバスと電気機関車

東武博物館には、非常に貴重な乗り物の実物が数多く飾られている。またそれらは、しっかりとレストアされ、今にも走り出さんばかりの勢いすら感じさせてくれる。

そのなかでも、博物館のほぼ中央付近「時代を担った主役たち」のコーナーにデンと展示されているデッキ付きの電気機関車ＥＤ５０１５号とキャブオーバーバスは、屋内展示で美しく輝いているために、とても目立っている。

ＥＤ５０１５号は、デッキ付きのいわゆる旧型電機とも呼ばれる電気機関車の仲間で、多少の違いはあれ、東武鉄道にはこの手の機関車が多く在籍していた。それは、東武鉄道という社名のなかの鉄道という文字が物語るとおり、旅客列車だけでなく、貨物列車の運行も担っているからだ。ご存じのとおり、東武鉄道は私鉄では東日本一の規模を誇る。

ターミナルは、浅草や池袋など都心部であっても、秩父や赤城、日光など山岳部まで路線は及ぶ。それだけの路線があるからこそ、沿線の物流を担ったり、天然資源を運んだりと、重要な貨物輸送

ED5015号は、在籍した電気機関車のなかでもっとも多く製造され、14両が活躍した

をおこなってきた。

近年は、道路整備が進み、物流はトラックが中心となってしまったが、昭和の時代には貨物列車も大きな事業だったのである。現在、東京スカイツリー®が立っているあたりも、かつては貨物のヤードがあったほどである。

さて、話をＥＤ５０１５号に戻そう。本機は東上線で、主にセメントなどの鉱物輸送で活躍した。

よく、物の本に「デッキ付きの機関車のデッキは先輪を覆う〝飾り〟である」といった記述があるが、実際はしっかりとした役目がある。

連結解放の機会が多い機関車は、機関士が車上から連結状態の確認をおこない、入換時の作業員の合図を目視しなければならない。そのため、デッキがあるほうが、作業がしやすいのだ。同業他社においても、入れ換えを頻繁におこなう機会があるディーゼル機関車などは、現在でも多くがデッキ付きである。

現に本機も軸配置は、ＢＢ（Ｂは動力をもつ車輪が2つある台車で、ＢＢはそれが2組ある）で先輪はないが、デッキ付きである。しかし、デッキが付くことでこの年代の機関車はスタイリッシュに見えるのも確かで、飾りという要素を全否定はできない。ここは皆様の判断にお任せしよう。

さて、一方のキャブオーバーバスであるが、エンジンが前方にあり運転席（キャブ）がその上にあることから、このように名乗っている。その特徴は、運転席の左側に大きなドームがあり、その下にエンジンが鎮座している。冬場は暖かくて心地よいらしいが、夏には灼熱の地獄だそうである。現在の大型バスは、後方にエンジンがあり後輪を駆動している。スポーツカーのポルシェ等と同じＲＲ（リアエンジン・リアドライブ）方式である。つまり、このキャブオーバーバスは、大型バスの黎明期《れいめいき》につくられたクラシックカーともいえる逸品である。

説明文によれば、１９５１（昭和26）年製のボディーは現・富士重工製。エンジンは現・日産自動車製で、銘板から察するに、6気筒で排気量は約３５００ccのガソリンエンジン。全長が７４０0ミリメートル、全幅が２２００ミリメートルということで、マイクロバスをひと回り大きくした感じである。乗降口もステップ付きで現代のバスとくらべるとかなり高く、「ヨッコラショ」という感じである。

特徴的なのは、フロントウィンドウが窪《くぼ》んで傾斜している点。古いアメリカ映画などにも出てくるバスのデザインと同じで、何となく懐かしささえ感じるデザインである。

先のED5015号機関車といい、このキャブオーバーバスもしかり、そのアンティークなデザインに、しばらく見とれてしまうほどの、芸術的な逸品であることに間違いない。

5700系日光線特急列車と日光電気軌道の新車導入うちあけ話

私は年に一度、リフレッシュのために、東武鉄道を利用して鬼怒川温泉に行く。残念なことに2020年はコロナ禍のため、かなわなかったが……。

さて、日光鬼怒川系統の特急は、東武にとっても基幹商品の1つである。そのため、これらの歴史も非常に古い。日光線が開通した1929（昭和4）年には、特急という名の速達列車が走っている。戦後は、1948（昭和23）年に進駐軍専用列車を特急のスジ（ダイヤ）で走らせたのを機会に、翌1949（昭和24）年には「華厳《けごん》号」と「鬼怒号」の運転を開始した。

もっとも、この時点では戦後の混乱期で車両の手配もままならず、通勤形車両を改造した間に合わせ的な車両での運転であった。転機が訪れるのは1951（昭和26）年、特急専用の設備を完備した5700系ロマンスカーが製造された。

戦後は、旧国鉄も日光を国際観光地として旅客を獲得するため、都内からの直通列車などを走らせていた頃で、東武対国鉄の激しいバトルが始まりかけていた。そこで、東武は先手必勝とばかりに、モダンな電車を就役させた。

常に編成の両端に構える車両には、前年（1950年）にデビューした国鉄80系電車で流行し始めた湘南《しようなん》窓（正面2枚窓）の非貫通運転台を採用し、車内ではフットレストを装備した転換クロスシートなど接客設備で、国鉄に対して大きなアドバンテージを得た。

ところで日光といえば、東照宮や華厳の滝、中禅寺湖《ちゆうぜんじこ》などの観光スポットがあるが、それらには、東武も国鉄も日光駅から接続する交通媒体が必要であった。この両方の駅から発着する媒体が、東武日光軌道線（路面電車）であった。

しかし、当時の東武日光軌道線は、開通した1910（明治43）年当初は、旧形車両など中古の車両ばかりで、あまりにも旧態化・老朽化が進行していた。そのため、「せっかくモダンな5700系特急電車で来訪された旅客に対して、観光気分を逸《そ》らしてしまうのではないか？」と、東武鉄道では対応が検討されていた。

そこで出された答えは、日光軌道線の客車の総入れ替えであった。第一陣は、1953（昭和28）年に定員96名の100形電車10両が導入された。前面窓は5700系と同じイメージの湘南型。路面電車は通常、中央運転台になる場合が多いが、100形はイメージを優先して運転台をやや左側にオフセットして2枚窓を構成、非常にスマートな路面電車として登場した。

しかし、5700系電車の定員が2両で112名になることから、100形電車1両では捌《さば》ききれず、続行運転などの必要性もあったことから、翌1954（昭和29）年には、輸送力の増強も図り、定員150名の2車体連接形の200形電車6両も導入され、日光軌道線の旧型電車を一掃し

独特なスタイルの湘南型といってよい特急車5700系701＋5701編成／1953（昭和28）年8月　東武日光

雪の日光を思い出したか、日光軌道線の連接車200形203号／2006（平成18）年1月22日　東武博物館

た。ここに登場した5700系や200形は、現在でも東武博物館で見ることができる。非常に良く整備された状態で、貴重な存在でもある。

最新技術とのハイブリッドで甦った蒸気機関車

東武博物館には2両の蒸気機関車が保存されている。B1形の5、6号機関車で、東武鉄道が最初に北千住～久喜間を開業した際に導入された。いわば、東武鉄道最初の車両でもある。

この2両の機関車のうちB1形5号は、博物館のエントランス前に置かれ、1日4回のSLショーでは汽笛を鳴らし、動従輪が動く様子を実演してくれる。子供たちに人気のイベントで、開始前からワクワクしながら待つ姿が見られるほどだ。

動輪が動くしくみは、車輪の下にローラーが組み込まれ、チェーンでローラーを回すことで機関車の走る姿が再現されている。ローラーは、摩擦により減るため、毎月の点検は欠かせないという。汽笛は電気的に鳴らすしくみで、音量は館内の広さに合わせ調整をおこなっている。

このB1形蒸気機関車は、イギリスのベヤーピーコック社が1898（明治31）年に製造した機関車で、輸入された12両のうち10両がテンダー車（炭水車）で3～12号機となった。当時として大型の2Bテンダー機関車を導入したのは、将来の路線延長を見越してだったが、資金難となり、持て余し気味の機関車は6両（7～12号機）がタンク車しかなかった総武鉄道に譲渡された。

入場するとすぐ目の前に鎮座する「5号蒸気機関車」

東武鉄道の記念物に指定されている

展示している5号機関車の下にあるローラー。これが回転することによって動従輪が動くしくみ

動輪の直径は1372mm。細部まで間近に見ることができる

緩衝器（左・右）とネジ式連結器

経営が安定し路線の延伸が開始されると、不足する機関車を補うため同一形式の輸入や国鉄からの譲渡などを含め、最盛期テンダー車46両、タンク車14両が活躍した。

5、6号機は1965（昭和40）年に廃車され、東武鉄道の関連施設で保存されてきたが、東武博物館の開館で同地に移動した。5号機は、明治時代の姿に復元されているが、展示以前は、屋外に保存されている6号機と同じスタイルだった。

鉄道車両は、長年使用していると技術の発達で幾度となく改造がおこなわれる。この5号機と6号機をくらべると、まず前照灯の違いが目につく。

現在の車両は電機や発電機などで灯りがともされるが、明治時代は菜種油《なたねあぶら》や魚油、松根油《しょうこんゆ》の灯油ランプが使用されていた。もちろん客車の車内灯や駅の合図灯などもランプで、列車がある程度の距離を走ると、灯油の補充が必要となった。

現在も、地方の駅などにレンガ造りの小屋を見ることができるが、これが灯油を保管していたランプ小屋で、列車が到着すると係員が灯油の補充に走り回っていた。やがて車軸による発電機の搭載で、ランプは電球に変化を遂げ、6号機はその姿で保存されている。

連結器も、車両のフックを鎖でつなぎ、ネジで固定するネジ式に復元されており、左右には緩衝器《かんしょうき》も設置された。ナンバープレートは、金属の貼り付け文字から、鋳鉄製《ちゅうてつせい》に変わっていたがこれも輸入時の姿となった。

テンダーは、後位側の切りつめを直線に戻し、梯子《はしご》も撤去された。このほか各部も忠実に再現されているが、図面やわずかな写真を頼りにおこなった復元作業は、大変だったと察せられる。屋外に復元前の姿をとどめる6号機が展示されているので、見比べてみるとよいだろう。5号機は、まさに現代の技術の粋を集めたことで甦ったハイブリッド蒸気機関車だ。

発想の転換から生まれた、ウォッチングプロムナードとは

東武鉄道の歴史は古く、さらに路線距離が長いので、車両の種類も過去帳までひも解けば、数多くの車両が在籍していた。それゆえ、博物館を計画した段階で、展示物が非常に多かったことが、博物館の「基本構想策定調査」という資料から読み取れる。

とくに車両に限って挙げれば、13両もの車両が、選択候補に挙がっていた。そして、そのうちの

12両は、なんと自前の施設で保存されていたのである。これは、新しい車両に代替したからといって、単にスクラップにするのではなく、当時の鉄道の技術の成果物として、後世にちゃんと残し伝える文化が、東武鉄道に根付いていることにほかならない。

それほど東武鉄道の、鉄道技術に対するこだわりは他社とは違い奥深いようである。もちろん、他社が浅いのではなく、東武が深すぎるわけなのだ。それは、この資料本に記載された「博物館のめざすもの」という項目の一番目に記された「東武らしさ」に通ずる一例であろう。

そして、車両以外の鉄道技術を展示している場面も博物館内では、多々目にすることができる。それは、保線の技術や電路の技術、駅務機器、さらには車両の電装品など、少しコアな部分まで博物館には展示してある。

コアといえば、元東武博物館名誉館長の花上嘉成氏によれば、設計前の段階で、玉ノ井駅（現・東向島駅）のホームのさらに上に展望デッキのような場所を設置し、現役車両の屋根上を見学してもらおう、というコーナーも検討したそうだ。

ただこれは、用地や構造などの問題なのか、あくまでも構想の1つで終わってしまったそうだが、屋根回りを見せるというのが、いかにも技術にこだわる東武鉄道らしい案である。

現役車両の屋根を見る施設は、構想で終わったものの、技術にこだわる東武鉄道は、ここだけでしか見られない施設を博物館に設置した。それが「ウォッチングプロムナード」と名付けられたコーナーだ。

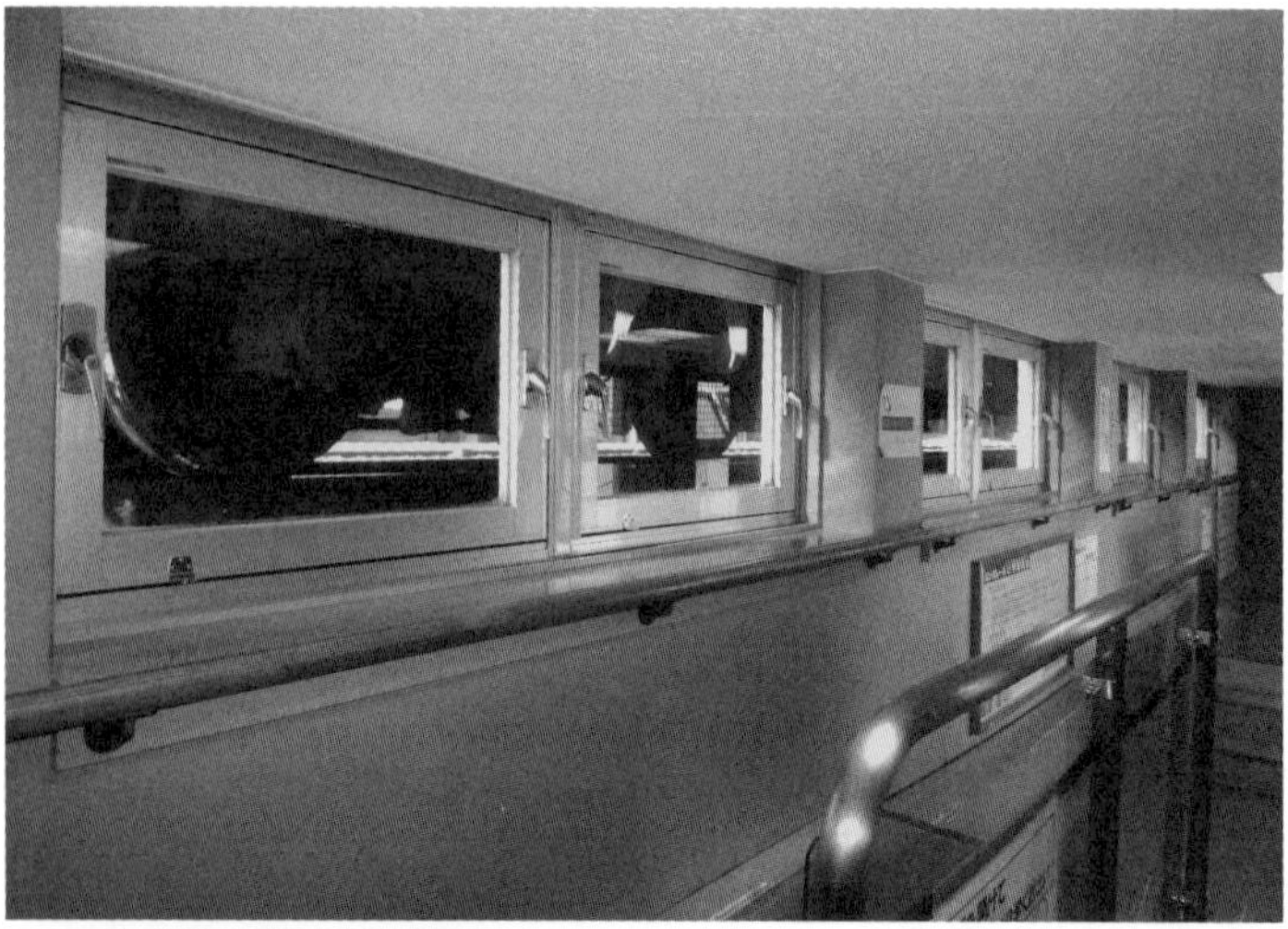

リアルな車体の真下を観察できるスペース。頭の上はちょうどプラットホームである

突然目の前に電車の車輪が現れる。窓越しではあるが、直接触れるぐらいの距離なので大迫力だ

名前は長いが、施設的には至って簡素だ。ホームの真下、線路近くに窓を設置して、窓越しに営業運転している現役の車両の台車や機器類など、車両の下部をわずか数十センチメートルの直近《ちょっきん》で見学できるというものである。

この一風変わった施設も、私には、技術にこだわる「東武らしさ」を感じることができた。それこそが、「博物館の目指すもの」そのものなのである。

【ちょっと途中下車②】こだわりの制服やカバン

世代によって異なる話になるが、鉄道会社の制服を思い浮かべてみよう。この制服のイメージによって、与えられる印象は大きい。

たとえば、現在の東武鉄道の制服というと、黒系で袖付近に赤いラインの入ったものであり、夏は涼しげな青のワイシャツを身にまとう。

この制服は、２００８（平成20）年11月1日から採用されたもので、「安心（信頼）」「輝き（将来性）」「誇り」をコンセプトに、新しい東武鉄道を表現しているという。

デザインは、日本ユニフォームセンター専門委員の嗣永龍彦《つぐながたつひこ》氏が監修したといわれており、係員が時刻表やマイクを携帯しやすいように深いポケットが付いている。

最近の鉄道会社の制服は、一般的に、見た目の清潔感とともに機能性を重視したデザインが多く、東武鉄道の制服も同じテーマをたどったと思われる。

さて、最初に「世代によって異なる話」と述べたのは、私が個人的に思い浮かべる東武鉄道の制服イメージといえば、「オレンジの制服」だからだ。

デザインを担当したのは、ファッションデザイナーでテレビでもおなじみの「ドン小西」（小西良幸）氏である。

小西氏は、奇抜なデザインをすることで有名で、東武鉄道向けにデザインされたものも、全身がオレンジ系にまとめられ、世間からは奇抜な印象をもたれていたようだ。

優等列車の車掌制服は白系が基調

暖色系でまとめられた東武の制服。当時は鉄道とバスのデザインは同じものだった

1995（平成7）年に採用されたこの制服は、当時の営団地下鉄のウグイス色にドゴール型帽子と並んで、関東の私鉄のなかでもかなり目立つ存在であった。

　当時の東武鉄道車両のカラーリング（スペーシアや6050系など）に合わせたものだと推測されるが、このオレンジ制服に、現場の社員には戸惑いもあったようだ。

　乗務中はともかく、客室内便乗で他の事務所に行くときや、ホーム上のそば屋を利用する際など、周りの目が非常に気になっていたと聞く。たしかに、「あっ、駅員さんがそばを食べている」と、思わず目がいってしまいそうだ。

　ちなみに東武鉄道の制服は、グループ会社の「東武百貨店」が仕立てている。ネクタイや制服の裏地を見ると、ロゴマークや名称が書かれているので、すぐにわかる。通常どの鉄道会社も、制服は紺色や黒色でまとめられているのがスタンダードだが、このオレンジ制服は、当時の東武鉄道をイメージさせるのに、外《はず》せない思い出でもある。

　この制服をデザインした小西氏だが、東武鉄道のほかに、「秋田銀行」の行員制服のデザインも、なかなか奇抜で話題を呼んだ。

　さて、鉄道乗務員の制服といえば、「車掌カバン」や「運転士カバン」もおなじみである。中身は運転業務のルールが書かれた必携《ひっけい》や仕業スタフなど、担当分野に必要な手帳や道具もそれぞれ入っている。

　最近は、車掌用では駅の発車メロディーを鳴らすことのできるリモコンスイッチも入っている。

　また、運転士用では車両によっては、ブレ

ネクタイの裏地を見るとTOBUと表記されている

重厚なイメージでまとめられた制帽

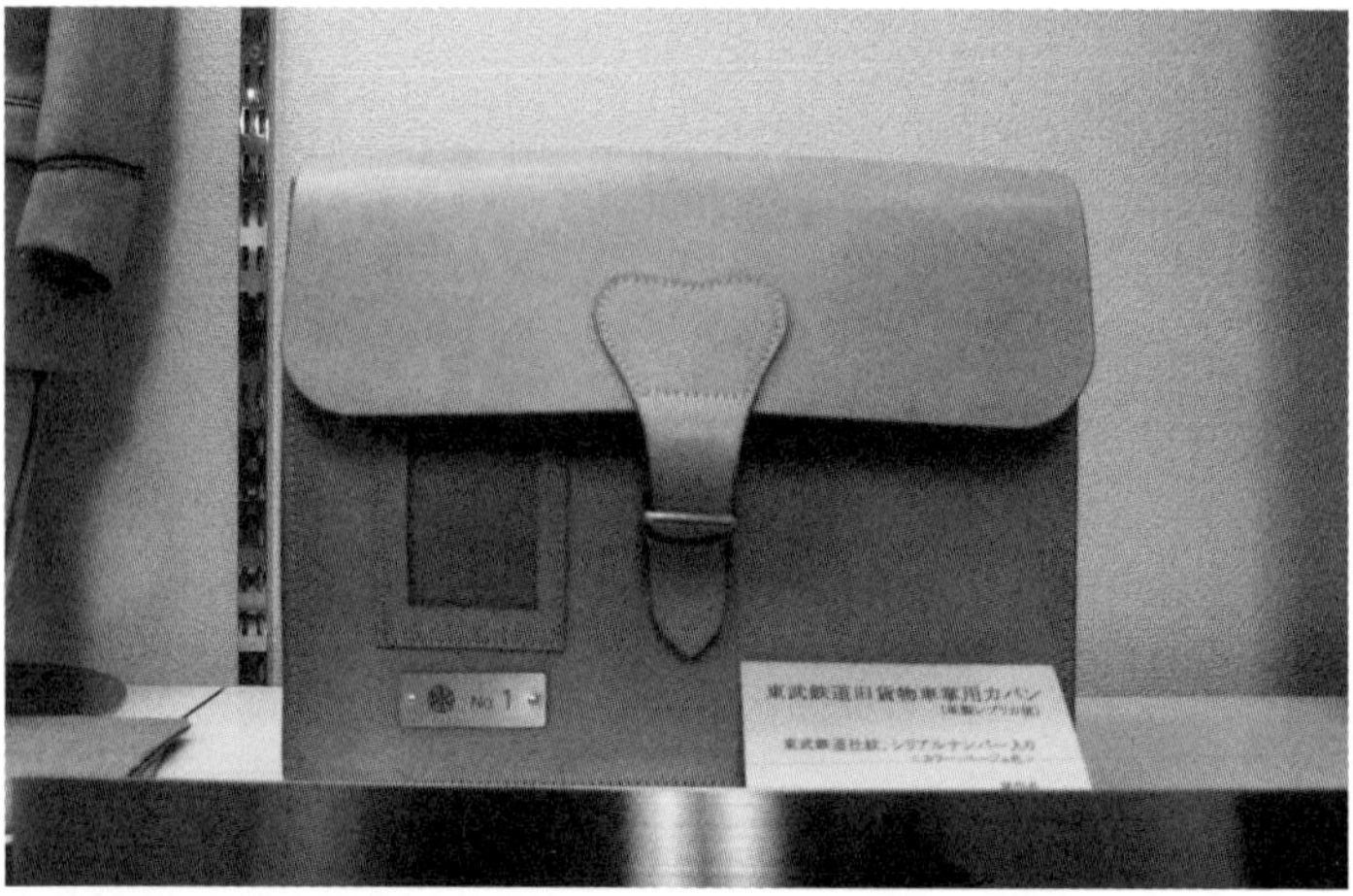

東武鉄道の旧貨物列車用・車掌カバンのレプリカ。東武鉄道の社紋やシリアルナンバー入り

ーキハンドルが抜き取り式の車両が残っており、そのブレーキハンドルを、各自で管理するためのホルダーが付いている（運転士用）。

まさに、それぞれの業務に特化した機能性を重視したつくりとなっている。

また、東武鉄道が２０１３（平成25）年秋に開催した「２０１３東武ファンフェスタ」において、東武鉄道・旧貨物車掌カバンのレプリカが、シリアルナンバー入りで限定販売された。

20個限定販売ということもあり、手に入れたファンにとっては、貴重な家宝となったのは間違いないであろう。

5章 SL復活プロジェクトの真実

難問へのチャレンジで始動した情熱の物語

「鬼怒川線ＳＬプロジェクト」は、どんな経緯で始まったのか？

２０１７（平成29）年８月、東武鉄道に蒸気機関車が復活した。２０２０（令和２）年12月には、もう１両のＣ11が運転を開始し、２０２１（令和３）年にはさらに、１両のＣ11が復活する予定だ。３両もの蒸気機関車を保有し、日光・鬼怒川《きぬがわ》地区で運転するのは、どのような理由があったのだろうか。

東武鉄道が蒸気機関車を鬼怒川線で走らせると発表したのは、２０１５（平成27）年８月のことだった。「鬼怒川線ＳＬプロジェクト」として、概要や運転線区などが詳細に述べられたので、復活の計画はもっと以前から進められていた。

東武鉄道がこれまで観光の拠点としていた日光・鬼怒川地区は、人口の減少が見られ、観光客もまた、東日本大震災の影響も大きく減り続けていた。この対応の１つが、（途中で目的が変わってしまったが）スカイツリートレイン６３４型の誕生であり、のちの鬼怒川線での蒸気列車運転となった。

ところで、蒸気機関車を復活させるには、多くの難問が待ち受ける。まずは、走らせられる蒸気機関車が手に入るかどうかだ。今でも公園に展示された機関車を数多く見るが、ほとんどがボイラーや足回りの腐食が進んでおり、さらに各部品が外され、復活させるには無理があった。

現役の蒸気機関車は、観光列車用に数社が保有しているが、各社とも目玉の車両だけに簡単には

蒸機列車運転を前に、こんなデモンストレーションもありました／2017（平成29）年7月8日　会津若松

手放さない。

そんななか、すでに目を付け調査していたのが、C11 1号機（元江若鉄道→雄別鉄道）。ちょうどその頃、JR北海道に在籍するC11形2両のうち1両が引退する話が飛び込んできた。相次ぐ不祥事や経営の状況の悪化による合理化の一環だ。東武鉄道にとっては、渡りに船とばかり、引退するC11 207号を借り入れることが決まり、SL復活運転プロジェクトが立ち上がる。

以前、イベント時に東武博物館の保存蒸気機関車を復活できるかどうか、調査をしたことがある。今回も、復活するなら保存している6号機が最適という意見もあったが、極めて困難であった。

こうしてC11 207号は、2016（平成28）年8月に南栗橋車両管区に到着した。陸送にあたって運転室や煙突などの部品が取り外された状態だったため、新設された検修庫で組み立てがおこ

蒸機列車出発式前／2017（平成29）年8月10日　下今市

鬼怒川温泉の駅前は試運転が始まった頃からよく賑わった／2017（平成29）年8月4日

なわれ、9月には美しい姿が甦《よみがえ》った。

試運転を経て、2017年8月10日の上り1番列車となる「SL大樹4号」は、鬼怒川温泉駅で盛大な出発式がおこなわれた（記念列車は3列車、式典は下今市、レセプションは鬼怒川温泉）。

鬼怒川温泉駅長や地元の小学生に加え、鬼怒川の女将連合会の出発合図により、C11 207号は高らかに汽笛を鳴らした。女将さんたちは、「この機関車が、多くのお客様を運んできてくれるように……」と願ったに違いない（営業は4列車から）。

鬼怒川温泉への観光客は、2011（平成23）年の東日本大震災の影響で大きく落ち込んだ。翌年から徐々に右肩上がりとはなったが、2015（平成27）年から横ばい状態が続いていた。「SL大樹」が運行を開始した2017年は増加しているが、期待したほどではなく、少々がっかりしている。

さらに、2020（令和2）年の新型コロナウイルス禍の影響は大きく、日光・鬼怒川地区をはじめ、東武鉄道は大幅な減収となっている。2両目のC11 325号が、再びこの地区に活気を戻してくれることを、今は祈るしかない。

SL復活のため、全国各社から技術と経験を結集！

「SL大樹」復活に向けたプロジェクトは、ハード面においてもソフト面においても東武鉄道単独

北海道からやって来たC11 207号と新幹線JR北海道H5系の顔合わせ／2016（平成28）年8月23日　南栗橋車両基地

JR北海道「冬の湿原号」などで活躍したC11 207号　東武鉄道で走る／2016（平成28）年12月3日　南栗橋車両基地

ではなし得なかった。

ハード面では、運行に必要な車両や、転車台などの施設が必要となるが、新規に製造するのは難しく、全国の鉄道事業社から、車両や施設の譲渡を受けた。具体的には、主役となる蒸気機関車は前述のとおりJR北海道で運行されていたC11 207号機を借り受けた。運行に必要な保安装置が、スペースの関係から蒸気機関車に搭載できないことから、機関車の次位に車掌車のヨ8000形を連結し、この車両に保安装置を設置することとした。

そのため、ヨ8000形2両をJR貨物（ヨ8634）と、JR西日本（ヨ8709）から譲り受けた。客車に関しても、東武鉄道にはすでに客車が存在しないため、JR四国から運行用の14系客車4両（スハフ14 1・5、オハフ15 1、オハ14 1）、予備部品確保用の12系2両（オロ12 5・10）を譲り受けたほか、JR北海道から14系4両（スハフ14 501・508、オハ14 504・505）の譲渡を受けた。

当初は8000系や6050系の客車化も考えていた。

このほか、「SL大樹」の後部補機として使用されるDE10 1099号は、JR東日本の大宮工場で入れ換え用に使用されていた機関車である。南栗橋車両管区構内で試運転用に使用されるヨ5000形（ヨ13785）は、日本ナショナルトラストが大井川鐵道《てつどう》で保管していた車両で、いずれも譲り受けている。

2020（令和2）年には、もう1両の蒸気機関車C11 325号が真岡《もおか》鐵道からの譲渡により入

四国多度津から南栗橋まで甲種輸送するため、多度津〜宇多津間で試運転／2016（平成28）年9月2日　多度津

JR北海道14系（元急行はまなす使用）甲種輸送DF200-108号／2017（平成29）年2月20日　函館本線稲積公園〜発寒　撮影：三木芳春

DE10 1099号の-14系客車列車、日光線を行く／2019（平成31）年4月3日　栗橋～新古河

線したが、補機用のＤＥ10も増備され、ＤＥ10 1109号をＪＲ東日本から譲り受けた。

このように、車両だけでも7社の協力があり現在の運行に結びついている。

施設面でも、機関車の向きを変える転車台が下今市駅と鬼怒川温泉駅に設置されたが、いずれもＪＲ西日本の長門《ながと》市駅と三次《みよし》駅の構内に残っていたもので、これを移設して設置した。ただ、三次駅の転車台は長さが短かったため、中央部を左右に1メートル継ぎ足している。

ソフト面では、蒸気機関車の整備方法を学ぶため、ＪＲ北海道の釧路《くしろ》運輸車両所と苗穂《なえぼ》工場に検修員を派遣。乗務員は機関士の養成を大井川鐵道、秩父鉄道、真岡鐵道で、機関助士の養成をＪＲ北海道と真岡鐵道でおこなった。

このように、ＳＬを復活させるプロジェクトは、全国の鉄道事業社の協力が不可欠で、各社とも「Ｓ

Ｌ大樹」の成功に大変協力的だった。東武鉄道で再び蒸気機関車を走らせる夢は、鉄道会社の垣根を越えた鉄道マンの期待でもあった。

また、蒸気機関車を受け入れるために新設された「南栗橋ＳＬ検修庫」も、設計段階から車両保守の実績ある関係各所の助言を受けながら進められた。

まさに、全国の技術と経験が結集されたプロジェクトとなった。

困難な修復で甦った、往年の急行列車の客車を堪能！

ＳＬ大樹で使用される客車は国鉄時代に全国を駆け回った14系客車であり、主に特急列車や急行列車といった優等列車に使用する目的で設計された車両だ。

登場時は簡易リクライニングシート付きということもあり、臨時特急「しおじ」や「つばさ」などでも見られたが、電車による運行とくらべ所要時分のかかることもあり、波動用（臨時・予備）のほか急行列車を活躍の場とする期間が長かった。

登場時に優等列車としての定期運用はなかったが、１９７５（昭和50）年より夜行急行列車「西海《さいかい》」「雲仙《うんぜん》」「阿蘇《あそ》」「くにさき」で初めて定期運用をもつことになった。

関東地区ではその後、急行「十和田《とわだ》」をはじめ、耐寒耐雪改造を施し北海道へ渡り、「ニセコ」「大雪《たいせつ》」「天北《てんぽく》」「まりも」などで活躍する。海峡線開通にともない、50系客車に交じり、急行「はまなす」の間合いで快速「海峡」にも使用された。

一方、四国へも瀬戸大橋線の開通でムーンライト四国として足を踏み入れ、まさに全国をまたにかけた客車となった。座席車としてそのまま使用されていた車両以外に、改造種車となり、お座敷や洋風客車として生まれ変わった車両も少なくない。定期運用での使用実績が少ない車両ながら、広域にわたる運行が特徴といえる。

オハ14 505は、急行「まりも」で使用された時代に座席の改造を受け、ドリームカーとして簡易リクライニング機能からフリーストップのリクライニングに変更された車両である。スハフ14 501は、急行「はまなす」用として活躍した。ほかに、ＪＲ四国より譲り受けた側窓が開閉できる12系客車オロ12 5、10（展望台付きに改造予定）が在籍している。

話によると、四国から来た14系客車のトップナンバー車たちは、床下機器類の傷みが多く、海側の錆がかなり目立っていたため、修繕作業は非常に大変だったようだ。とくに部品の状態が不調なため、ＪＲ北海道から譲渡された元急行「はまなす」用の14系客車は、もともとは部品取りのために購入したそうだ。

しかし、C11 1号の購入復元や、真岡鐵道よりC11 325号の転籍で客車の需要が増え、状況は変化している。さらに2020（令和2）年に入り、ＪＲ東日本から北斗星を彷彿《ほうふつ》させるカラーとなったDE10 1109号を購入し、同年10月31日に東武鉄道を走る「DE10北斗星カラー」としてデビューさせた。

四国から来たオロ12 5号　海側は錆が目立っていた／2018（平成30）年3月13日
南栗橋車両基地

車体よりも機器類が傷んでいた14系客車トップナンバー車／2016（平成28）年
12月3日　南栗橋車両基地

その際、ＪＲ北海道の14系客車（元急行「はまなす」）も再デビューとなり、往年の急行列車のなつかしさを堪能できるようになった。

現代の蒸気機関車に立ちはだかる壁と宿命

蒸気機関車が走る路線は、誰もが歓迎しているわけではない。煙突から吐き出される煙を公害だとする人もいる。これは無理もない話で、蒸気機関車が現役で走っていた時代にも同じ苦情が寄せられていた。

蒸気機関車は、火室で石炭を燃焼させ、ボイラー内の水を高温の飽和蒸気に変え、そのエネルギーをピストンに送って走るため、どうしても煙が出るのは致し方ないのだ。

ただ、近年は燃焼率のよい石炭を使用しているため、昔のように真っ黒な煙や石炭殻を煙突から吐き出すことも少なくなっている。とはいえ、沿線住民の理解と寛容な対応が、保存運転ではもっとも必要とされる。

煙もそうだが、もう1つ苦情が多いのが音だ。音といっても蒸気機関車の迫力あるドラフト音や汽笛ではなく、客車に搭載されているディーゼル発電機の音が問題視される。「ＳＬ大樹」に使用される14系客車は、車内の冷房や暖房、照明など電気を使う機器の電源を、スハフ14形の床下に搭載したＤＭＦ15ＨＺ-Ｇ型ディーゼルエンジンとＤＭ93型発電機で賄っている。

ディーゼルエンジンは２７０psの馬力と１８００rpmの回転数、発電機の出力は２１０kVAもあり、これが作動を始めるとかなりの騒音が発せられる。どの程度かというと、走行中のスハフ14形の車内にいても、この音が聞こえてくるほどで、停車中のホームでは、話が聞き取りにくいほどにもなる。

「ＳＬ大樹」の試運転が始まった際、編成は鬼怒川温泉方向から、Ｃ11形蒸気機関車＋ヨ８０００形車掌車（ＡＴＳ［自動列車停止装置］と電源を搭載）＋オハフ15形客車＋オハ14形客車＋スハフ14形客車（ディーゼル発電機搭載）＋ＤＥ10形ディーゼル機関車の編成だったが、試運転期間の途中でオハフ15形とスハフ14形（下り方へ）の位置を入れ替えた。

下今市駅（防音壁設置）や終点の鬼怒川温泉駅では、スハフ14形が住宅街に面して停車するので、騒音についての苦情が出てしまった。発電機を停止させると、車内の冷房も照明も消えてしまうので、比較的住宅の少ない反対側に連結位置を変更したのだ。

同じように「ディーゼル機関車もうるさいのでは？」と思われるかもしれないが、ディーゼル機関車は、運転中のみディーゼル機関が高速で回転する。停車中は静かなアイドリング音だけが流れるので、問題になるほどの音は発生しない。

では、なぜこのような騒音が発生するディーゼルエンジンを使用しているのかというと、この14系が製造されたのは１９７２（昭和47）年、さらに14系の基となった12系客車は１９６９（昭和44）年に誕生した。この当時の技術では、この程度の騒音は許容範囲内だったようで、現在は技術が進みもっと静かになっている。

他の鉄道会社で修業した東武の機関士たち

一般に、鉄道会社で運転士となるためには試験に合格し、国土交通省発給の免許を取得しなければならない。JRや私鉄などの多くは、自社で養成が可能だが、一部では施設などの問題から、他社に養成依頼をするケースも見られる。

例えば、箱根登山鉄道が、小田急電鉄で養成をおこなうなど、とくに新規開業となる鉄道事業者ではこのようなケースがよくある。古くは湘南モノレール、近年では沖縄都市モノレールやつくばエクスプレスなどが、他社で養成をおこなう事例となった。

蒸気機関車の復活運転には、車両の導入や施設の改修などのほか、蒸気機関専門の運転士や検修員も必要となる。東武鉄道は、1966（昭和41）年6月に蒸気機関車による運転が廃止されており、50年以上も経っては、当時の機関士も検修を担当した社員もすでに退社していた。

そのため、まったく新しい構造の車両を扱うようなもので、運転関係や検修部門にはノウハウがなかった。それゆえに蒸気機関車の保存運転をおこなっている鉄道事業者で運転技術や検査の方法などを学ぶこととした。

機関士の養成は、大井川鐵道に2名、秩父鉄道に2名、真岡鐵道に1名、現役運転士を派遣し、運転操作を習得すると同時に、蒸気機関車の機関士に必要なボイラー1級免許も取得した。

蒸気機関車の運転は、電車とはまったく異なった操作で、ボイラーでつくり出された飽和蒸気をピストンに送ると、ピストンが左右に運動を始める。その横運動がクロスヘッドを介して、メインロッドの回転運動へと変化し、動輪が回る仕組みとなっている。

この飽和蒸気をピストンに送り込む量を調整するのが、運転台正面にある逆転装置と、右手にあるレギュレーターハンドル（加減弁）だ。

出発時には逆転機により、ピストン弁の蒸気入り口を最大に広げておき、レギュレーターハンドルで蒸気を送り込むと動輪が回り始める。すぐに逆転機を操作して蒸気入り口を狭めることで、速度に合わせた蒸気をピストンに送り込める。

この逆転機とレギュレーターハンドルの操作は、勾配《こうばい》や速度、引っ張る客車の重さ、天候などで微妙に変化してくる。クルマでいえば、マニュアル車とオートマチック車の違いと似ており、発進時はローギアに入れ、スピードが上がるとシフトチェンジで2速、3速と変えていくのと同じように、逆転機で最大の蒸気を得た後は、スピードによりピストンの入り口を狭めていくわけだ。

レギュレーターハンドルはアクセルにあたり、蒸気の供給量を調整することになる。この感覚を得るには経験が必要で、各社に派遣された乗務員は、実際に見習いとして蒸気機関車を運転し、管轄する国土交通省地方運輸局での試験にパスして免許を取得した。

機関助士は、ＪＲ北海道に2名、真岡鐵道に2名を派遣したほか、自社で4名育成した。機関士

大井川鐵道で訓練（出庫点検）中の機関士／2016（平成28）年5月13日　新金谷

給水作業も訓練の1つ／2016（平成28）年5月13日　家山

と同じくボイラー1級免許のほか、実践での経験が必要となる。

機関助士の主な作業は、火室で石炭を燃やしボイラー内の水を沸騰させてエネルギーとなる飽和蒸気をつくることだが、これが意外と難しい。

火室にくべる石炭は、前方10センチメートル、中央15センチメートル、後方20センチメートルの厚さが燃焼効率上適している。そのため、ただくべるのではなく、形を考えながら投炭しなくてはならない。さらに、スコップですくった石炭を上に向けたままくべると、火室内の通風で飛び散ってしまうため、投げる瞬間に手首のスナップを利かせて、目的地に押し付けるようにするのがコツとなる。

機関助士の訓練では、火室の模型を使い、投炭の回数や石炭の厚さ、位置などを測定しながら練習に励むこととなり、技術が必要となってくる。

こうしてようやく試験にパスし、実践に挑むのだが、運転中は振動があるため、最初は思うようにくべられないことも多いと聞く。さらに水の量の調整や信号確認も大事な作業で、休む暇もない重労働でもある。

この乗務員の育成は、２０２０（令和２）年12月から自社でもおこなうこととなり、今後は多くの機関士や機関助士が誕生するだろう。

【ちょっと途中下車③】車両の一連番号は東武独自?!

鉄道車両には、1両ずつ形式と番号が決められ、その車号により管理がおこなわれているが、東武鉄道には、この車号以外にもう1つの車号である「一連番号」が存在する。

この番号は、1954（昭和29）年に在籍した車両に対して古い順に1番からの番号が付けられた。このときは帳簿に記されただけだが、1954年以降の新車には、妻面《つまめん》（構体の両端部分・車体連結面）下部に鋳鉄《ちゅうてつ》製のプレートが取り付けられた。近年のステンレス車両などは、薄い金属板に変更されたが、この番号は脈々と引き継がれた。

なぜ、このような番号が存在するのかというと、東武鉄道は1949（昭和24）年に大規模な改番をおこなったからだ。当時の車両は1両単位で編成を組むため、新旧の車両が入り乱れており、どの車両が古いかが、ひと目でわかるようにと導入されたようだ。

今後の廃車計画においても、若い番号から整理すればよいわけで、大量の車両を保有する東武鉄道ならではの番号だろう。

更新や改番では一連番号は変わらないが、改造では数字の前に「改」を付けた番号とされた。当初はこのプレートは取り付けていなかったが、5000系が冷房改造時に取り付けられ、以後の6050系には改造時からプレートが妻面に輝いていた。

この6050系は、6000系からの改造と新製車の2タイプが在籍する。6000系からの改造車は当然改造番号で、クモハ61

51が改467、ユニットのクハ6251が改468の順で、最後のクハ6272が改510となる。

新製車は、クモハ6173が1733で同じようにクハ6273が1734、最後のクハ6179が1746となっている。製造順の番号なので、その前後には10000系が番号を使用しており、長いあいだ製造された車両は番号がまとまっていない。

おもしろいのは、この6050系と同タイプの野岩鉄道6050系100番台と会津鉄道の200番台で、この車両にも一連番号が付いており、野岩鉄道はY1〜6番、会津鉄道は1、2番のプレートが妻面で見られる。

この2形式は、東武鉄道の南栗橋《みなみくりはし》車両管区新栃木出張所に配置され、東武6050系と共通運用を組むので、同じような扱いとなったのだろう。この一連番号は、2013(平成25)年に登場した野田線用の60000系が最後のようで、それ以降の車両には付けられなくなってしまっている。

70000系や500系を確認したが、一連番号は見当たらなかった。現在の車両は、編成単位での製造で、昔のように製造年の異なる車両を組み合わせることも少なくなり、廃車も編成単位でおこなうので、一連番号の役目も終わったようだ。

東武ファンとしては、長年続けられたもう1つの番号が消えるのは惜しまれるが、時代とともに車両管理も変わってくるのであろう。

ちなみに、一連番号の1番はクハ210、スペーシアの100系トップナンバー101―1が1871、最後の60000系、6661８が3037番になる。

6章

今に息づく名車の技術と歴史

細部に宿る「東武らしさ」をあらためて発見する

新型特急列車に活かされている廃車パーツ

鉄道車両では、引退した車両のなかから、まだ使用可能と判断された部品を取り外し、新型車両に搭載する場合がある。

20年くらい前の電車は、電子部品などコンピューターを備えた「精密機械」ではなく、抵抗器やコイルバネなど、車両工場などで部品を調達して修復できるモノばかりだった。

現在では、担当車両メーカーしか補修できないブラックボックスになっていることが多く、メーカーでボックスごと交換という方法が多いため、一から製造するとコストがかかりそうな台車や制御装置などは、次の新型車両へ付け直すことで、車両の製造コストを下げている。また、車体だけ新造して下回り（台車や制御装置など）をそのまま流用すれば、車両改造という名目で、新車を登録するよりも経費を安く済ませることもできるわけだ。

東武鉄道がかつて得意としていた更新車は、このような方法で旧型化した車両を甦らせている。

東武鉄道創業当時は、蒸気機関車での運転ではあったが、1924（大正13）年の浅草駅（現・とうきょうスカイツリー駅）～西新井駅での電化開業時から電車での運転も始まっている。

このとき登場したデハ1形は、木造電車であった。昭和に入ると、さらに電化区間は延伸し、東武鉄道としても本格的に電車を導入していくことになった。この頃から昭和10年代まで製造された

1924（大正13）年、浅草（現・とうきょうスカイツリー）～西新井間の電化開業時に登場した木造電車　東武博物館内

電車は、台車などを再利用し、のちの「3000系」として活躍を続けていたのだ。
3000系は、8000系のマスク、側面は2000系とした18メートル級の鋼体化車体をもつ車両である。車体だけ見る限りでは近代化されたように見えるが、旧型電車の面影は、乗車したときの走行音でわかる。
起動から加速していくほどに吊り掛け独特のモーター音。台車からの振動も大きく伝わってくる。お世辞にも乗り心地がよいとはいえない。3000系統は、1964（昭和39）年から1975（昭和50）年ぐらいまでに236両が誕生している。
その後、20メートル級の大型車（78系など）の更新には、5000系が登場している。3000系や5000系のように古くなった通勤電車に、新しい車体を載せ替えて使用する例について述べたが、現在活躍している特急車両にも「廃車部品流

最初の特急車デハ10(のちの5310)系101号　花上嘉成 蔵

宇都宮線思川を行く3070系3171編成／1995(平成7)年11月　壬生～野州大塚

200系201編成（1720系の台車を受け継ぐ）／1991（平成3）年1月　館林検車区

珍しい4両編成の200系204-1編成／1998（平成10）年3月30日　川俣〜羽生

用車両」が使われているのだ。

それは、「りょうもう号」で使用されている200系車両である。200系は1990（平成2）年に登場した特急型車両で、急行用として活躍をしてきた1800系と置き換える目的で製造された。

この200系が履いている台車は「FS370型」と呼ばれているが、当時、100系「スペーシア」の導入により、廃車が進んでいた1720系の台車として使われていたモノだったのだ。

走行装置を流用することになり、車輪や軸箱を改良し、曲線通過時のきしり音を減らす防音対策もされている。現在も200系は運用され続けていることから（すでに201編成は廃車）、1720系から受け継いだ台車は、1960（昭和35）年に製造されたものもあり、約60年余り使用されていることになる。

長い間、特急車両の足回りとして支え続けながら、さしたる問題がないところを考えると、当時の技術力をうかがい知ることができる。

エバーグリーン賞に輝いた5700系の往年の活躍とは

鉄道会社には、名車と呼ばれる車両がたくさんある。国鉄なら、151系電車や20系客車など数々の車両があり、私鉄などでも各社それぞれ名車はある。東武鉄道で名車といえば、鉄道友の会の賞こそ受けていないが、1720系や8000系といった車両は、名車といっても過言ではないはずである。

そんな名車の1つに、5700系がある。戦後の東武鉄道は、物資不足のなかで苦しい車両のやりくりでしのいでいたが、実際は日光という国際的な観光地や鬼怒川への輸送にふさわしい車両が求められていた。

それまで特急列車に使用されてきたデハ10系に代わり、戦後初の特急車両として1951（昭和26）年に誕生したのが5700系である。2両固定編成ながら、前面二枚窓の流線形スタイルと半流線形貫通式スタイルの2種類の前面があり、二枚窓流線形スタイルのモハ5700とクハ700で組成されるA編成（モハ5700+クハ700モハ5701+クハ701）と、両先頭車ともに、半流線形貫通式のB編成（モハ5710+クハ710）で2、4、6両のフレキシブルな運用を熟《こな》せるようになっていた。

駆動装置は、当時標準的な吊り掛け式であったが、転換クロスシートやテーブルの設置など、観光列車にふさわしい車両として、乗客から好評であった。ただし、5700系はブレーキの効きに特徴があり、運転には熟練の技術が必要だったそうだ。

利用者の増加にともない、1953（昭和28）年に2両固定編成3本が増備されることになる。この3編成はすべて半流線形貫通式で、1本は1951（昭和26）年製のB編成（モハ5711+クハ711）と同様の仕様となり続番となったが、残りの2編成は時代を先取りした直角カルダン駆動で誕生した。

このC編成（モハ5720＋クハ720、モハ5721＋721）は、のちに誕生する1700系と併結も可能で、新旧手をつないで走る姿も見られた。

3様で誕生した5700系も、1700系の登場で徐々に特急運行の役割を終え、急行へ、さらに伊勢崎線・急行へ格下げされていったほか、前面二枚窓非貫通式だった4両を、他車と同様の半流線形貫通式に、直角カルダン駆動は故障が多く、吊り掛け駆動へ変更するなどの改造が施された。外観の改造理由は、非貫通式を常に列車の先頭にしなければならず、ダイヤが乱れた際に問題が発生したからだ。

番号も整理され、モハ5700〜5と、クハ700〜5になった。伊勢崎線・急行に1800系が新製されると波動用として活躍し、季節臨時列車の快速急行や団体列車として使用された。

1984（昭和59）年に、1720系1編成が踏切事故で使用不能になった際は、特急運用の代走をおこなったこともある。さすがに正規特急料金での運行ではなかったが、1か月程度、特急に返り咲いた。

長年にわたる活躍を讃えられ、1990（平成2）年に鉄道友の会のエバーグリーン賞を受賞した。1991（平成3）年に300系、350系が誕生し、波動用の運用も賄えることからついに引退となった。引退後は、一部が民間に譲渡され、埼玉県内でレストランとして働いているほか、モハ5701・クハ701号のみ残り、しばらく放置されていたが、モハ車のみ東武博物館へ展示・

鉄道友の会からのエバーグリーン賞受賞記念列車の出発式テープカット／1991（平成3）年3月24日　業平橋

業平橋から新栃木まで運転された5700系記念列車／1991（平成3）年3月24日
新栃木検修区

保存されクハ車は解体された。

大量生産された、あの「おかめ顔」が拝めた意外な場所

東武鉄道には、かつて民鉄一の数を誇る車両があった。それは、8000系通勤型電車である。8000系は、1963（昭和38）年に登場した普通鋼製20メートル級車体の電車である。同一系列として1983（昭和58）年までに712両が製造され、それは当時の日本国有鉄道103系（3447両）に続くものであった。

その車両の多さから、8000系と名乗っているものの番号が足りなくなり、末期には80000番台の俗にインフレナンバーといわれた車両も登場したほどである。

東武鉄道にとって8000系は、20メートル級、両開き4扉といった現在の標準的な車両としてのベースをつくってきた。そしてこのスタイルは、その他の私鉄や国鉄（現・JR）でも普及しているが、実は8000系がブームを起こした最大の理由は、その「お顔」である。電車のお顔といえば、乗り換え案内看板のピクトグラムや子供の図鑑などに登場し、鉄道マニアのあいだでも趣味の一環となっていることからも、「お顔」はとても重要な要素なのである。

登場時の8000系の「お顔」は、俗に「丸目」や「原型」と呼ばれているもので、縦に並んだ前照灯と尾灯に、運転台窓が少し高い位置にあった。急行種別などで、駅通過時に点灯させる「通

6両で働く8000系／1976（昭和51）年8月　森林公園検修区

新旧塗装の編成／1986（昭和61）年11月　森林公園検修区

過表示灯」は前面の屋根部分に設置されており、ちょうど大型トラックの「速度表示灯」のような形をしている。お顔の印象は、運転台の窓が踏切事故の対策で上がったために、頬面が広くなり、「愛されるおかめ顔」といったところであろう。

８０００系登場前後は、旧型木造電車の車体更新が頻繁におこなわれたが、１９６４（昭和39）年頃からは、８０００系よりも少し小型な車体をもつ、18メートル級車体の32・34系台車の一部機器を流用して、３０００（３０５０・３０７０）系を製造した。そして、野田線や日光線などのローカル地区に充当され活躍した。

また、半鋼製車体20メートル級の78系も８０００系と同等の車体に載せ替えられ、５０００（５０５０・５０７０）系として、１９７９（昭和54）年頃から伊勢崎線や野田線で活躍をした。二系式とも走行機器関係は旧型車両のまま使用しているので、吊り掛け駆動式であった。

伊勢崎線では、準急扱いで急行線を走行することもあり、高いうなり音をあげながら疾走する姿は、今でも印象に残っている。ちなみに５０００系列は、１９８０（昭和55）年頃から冷房化工事がおこなわれ、２００６（平成18）年頃まで野田線での運行がおこなわれていた。首都圏大手私鉄における最後の吊り掛け駆動の電車であった。

３０００系は、東武線と線路がつながっている上毛《じょうもう》電気鉄道などのローカル私鉄路線に譲渡されたこともあり、ほかの場所でも「東武顔」を拝むことができた。さらに東武顔は、東武にゆかりのある鉄道だけではなく、群馬県の高崎駅～下仁田《しもにた》駅を結ぶ上信電鉄にも、在籍していた。デハ２０

0形電車（204・205号車）である。

デハ200形は、もともと、2両編成単位で運用していた同車を1両編成の単行でも運用が可能なように、両運転台車両への改造がおこなわれた。その改造の際に、廃車解体された東武3000系列のライトユニットを、そのまま移植したのだ。運転台窓も高い位置に変更されたこともあり、そのまま「東武顔」となったわけである。

一説によると、そのまま東武3000系の前面とデハ200形の車体を接合した改造を施そうと考えたらしいが、両車体の基準が合わないため、部品のみの移植にとどまったそうだ。

現在の「東武顔」と呼ばれる車両は、動態保存されている8000系（8111編成）以外は、通常の運用からはすべて引退しているが、今日の「東武顔」といわれる車両は50000系列だろう。50000系はアルミ車体でさまざまなバリエーションがあり、まさに現在の東武鉄道を代表する顔となりつつある。今後もそういった彼らの活躍に期待したいところだ。

通称「デラロマ」！　カブトムシ列車のボンネットの謎

戦後、高度成長期に差し掛かると、全国各地の観光地に向けての輸送が多くなった。これは、日本が豊かになり始めてきた証拠でもあった。栃木県の日光や鬼怒川を、観光地に構える東武鉄道ももちろん例外ではなかった。この時代の東武鉄道の看板特急といえば5700系で、国鉄の80系と並んで当時流行だった「湘南顔」という流線型のマスクをつけ、浅草駅〜東武日光・鬼怒川温泉駅を疾走していた。

しかしながら時代の流れは早く、国鉄や他の私鉄においては、特急こだま（20系）、小田急ロマンスカー、近鉄ビスタカーなど、スマートな車両の看板列車が、最新の設備や技術を盛り込んで登場した。

5700系が、旧式の吊り掛け駆動で大きな音をたてて走行する姿は、さすがにスマートさとはかけ離れていた。のちに改良型として、5720系や1700系も登場するが、分割併合の機能性を重視するあまり、標準的な顔つきの車両が多く登場し、「看板」といわれるほどの車両は登場していなかった。

1960（昭和35）年、東武鉄道は1700系の改良型として1720系を登場させた。これは当時ライバルだった国鉄日光線の電化に影響しているといわれている。当時国鉄は、国際観光地として盛り上がっている日光に力を注ごうと、日光線を電化した。東京から新型の準急電車を走らせるという案が持ち上がったからだ。

これに危機感をもった当時の東武鉄道は、今までとは違う新しい特急型車両の1720系を開発する。その車体は優美だが、先頭部はまるで「カブトムシの角」を思わせるボンネットで、力強さを感じる。ヘッドライトや急行灯・尾灯が縦に並ぶ、実に特異なスタイルであった。

この「カブトムシの角」、登場当初は金メッキの角だったが、途中からアルミ合金に変わっている。そしてこの角は、大変に重たかった。3本のナットで止めていたのだが、工場に入場するたびにメッキしていたときは、取り外し・取り付けに苦労したという。

ところで、このボンネットのなかには何が入っていたのか、気になる方もいるだろう。実はボンネットの中身は、昔は空だったそうで、便乗した社員のなかにはここで寝ている人までいたようだ。のちに、ATSなどの機器で隙間もなくなった。

さらに、連結器はどこに付いていたのかというと、固定連結器は長方形の板（蓋《ふた》）のなかに収められ、内側に引っ込めていたそうで、試運転や故障の際のみ、使われていた。

車内の話に移ろう。冷暖房はもちろん、2、5号車には軽食が楽しめる「ビュッフェ」車両も連結していた。4号車には、回転椅子を備えたサロンルームを設けた。その室内にはジュークボックス（200曲が選曲可能）も搭載し、旅の楽しみを盛り上げる数々の工夫が施されていた。

車両性能も6両編成の全車両が電動車、加速・減速性能なども他に劣らない高性能電車であったが、実は6両編成9本あった車両のなかで、同じ編成でもブレーキの利きが甘い車両があって、運転士は、常にそのことを心掛けて運転していたそうだ。

甘いといえば、1720系には女性のアテンダントが乗務していたが、この女性乗務員は案内の仕事のときのほかは、よく最後部にいたため、車掌と常に一緒だった。甘いロマンスが生まれ、結婚に至ることもあったそうだ。愛称も「デラックス・ロマンスカー」（通称「デラロマ」）と呼ばれ、その名前に恥じず、まさに東武の看板列車として大人気になった。

試運転で浅草へ入線した1720系1751編成／1964(昭和39)年9月　浅草

簡易連結器を出した1720系1721編成と初期のヘッドマーク／1960(昭和35)年10月

展示スペースの都合で切断された1720系1721号／1997（平成9）年11月　杉戸工場

博物館の1721号にもお正月が…／1998（平成10）年1月4日　東武博物館

1720系5700系最後の夏／1990(平成2)年7月　東武日光

やがて見られなくなる1720系の顔合わせ1721(右)、1771編成(シンボルマークの高さに注意)／1991(平成3)年　東武日光

この爆発的な人気となったデラックス・ロマンスカーの登場により、日光を巡って争っていた両社（国鉄・東武）の戦いは、東武に軍配が上がり、今日の日光・鬼怒川方面へのアクセスは不動のものとなった。1720系は、1990（平成2）年に100系「スペーシア」が登場したことによって、その座を譲り、徐々に運用を離脱し、1991（平成3）年に退役した。

しかしながら、登場時の東武の標準塗装である「ロイヤルマルーン」と「ロイヤルベージュ」といったツートンカラーをまとった最後の特急車両であり、東武の成長期を、生き証人として平成まで引き継いだ歴史的車両であった。

ちなみに、1700系もサービスの統一性をもたせるため、1720系と同様の車体に載せ運用されていた。旧塗装は5700系も在籍していたが、ほぼ臨時列車扱いだったため、現役で特急運用についていたのは1720系が最後となる。

貨物の全盛期を支えた無蓋貨車トキ1形

東武鉄道にはさまざまな貨車が在籍していたが、無蓋車《むがいしゃ》（屋根のない、平積みトラックのような形）であるトキ1形は、1960（昭和35）年より1971（昭和46）年までに富士重工を主に、東武杉戸工場製も含めて、222（14～20欠番のため）両製造された貨車で、国鉄のトキ15000形に準じた設計となっていた。

同じく国鉄の設計を踏襲した東武鉄道の貨車として有蓋車（屋根のあるパネルバンのような形）のワラ1形があり、1964（昭和39）年より1966（昭和41）年までに120両が製造され、ともに国鉄への直通車として用いられることもあった。

この大量に製造された2形式は、東武鉄道の貨物列車全盛期を支えたといっても過言ではないだろう。無蓋車であるトキ1形が有蓋車であるワラ1形より大量に製造されたのは、東武鉄道の貨物事情によるところもある。東武鉄道では、沿線の河川敷で採掘される砂利や、佐野線葛生《くずう》駅周辺に多くある砕石場の砕石を輸送するのに、このトキ1形が活躍した。古くは2軸無蓋貨車のトムなどが主流であったが、ボギー車のトキ1形の誕生で効率化が図られた。

また東上線では、トキ1形8両編成で粘土輸送に活躍した。トキ1形により老朽化した2軸無蓋貨車は姿を消していったが、小規模輸送時にも対応できる2軸車は残り、老朽置き換えにはトラ1形を新製し対応した。葛生地区からトキ1形による砕石運用は、現在観光客で賑わう東京スカイツリータウン®の立つ場所にかつてあった業平橋駅の貨物ヤードまで長らく運行されていた。

トキ1形には製造時期によりバリエーションがあり、後期製造の車両は、側面のアオリ戸がプレス鋼板製で木製であった初期製造車も、のちにプレス鋼板へ取り替えをおこなった。

沿線道路の整備が進み、列車輸送からトラックへ移行され役目を終えたが、杉戸工場で重量測定車として改造された車両が東武博物館で保存されている。改造の際に車長を短縮しており、原型とは異なるスタイルとなっている。

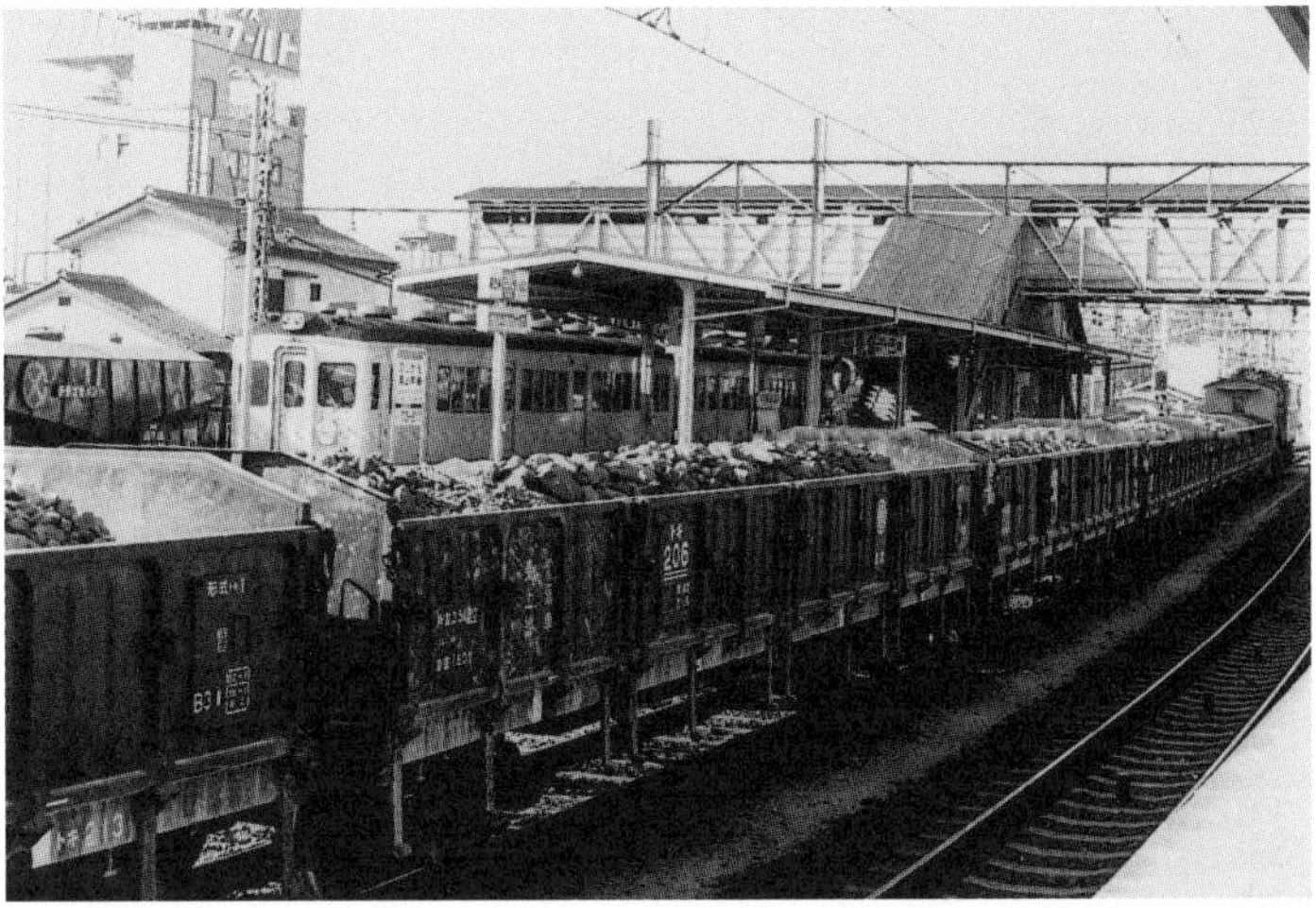

トキ1形8両編成で粘土輸送に活躍した東上線の貨物列車／1982(昭和57)年1月　坂戸

富士重工を主に東武杉戸工場製も含めて昭和35年から昭和46年まで200両以上つくられたトキ1形。初期車はアオリ戸の側板が木製のものもあった／1982(昭和57)年1月　坂戸

伊勢崎線を「吊り掛け」ならではのサウンドで爆走していた5000系

梨畑のなかを行く5070系（7800系更新車）5180編成／2004（平成16）年5月　高柳〜六実

元来、輸送力増強に力を入れていた東武鉄道は、関東の私鉄では早い時期に複々線化事業に取り組んでいた。

複々線化が始まりだした頃、東武伊勢崎線には数々の吊り掛け車両が現役で走っており、準急運用に就くことの多かった7300系や7800系列は、この複々線区間を、走行音も高らかに爆走していたのが日常であった。

7800系列は、そのままでは冷房化が困難であったことから、のちに8000系に準じた車体に更新され、5000系や5050系に生まれ変わった。吊り掛け式に変更はなかったため、高速運転でのサウンドは健在であり、この区間を走る列車は一部のファンを虜《とりこ》にしていた。

5050系より、ブレーキ制御が8000系と同様となり、運転する側からすると苦労も減ったことと思われる。のちに5000系も同様の方式に改造された。

更新後も、しばらく複々線を爆走する姿を見ることができたが、野田線などで活躍していた3000系列の老朽置き換えが始まり、吊り掛け駆動の5000系や5050系がその代替として転出し、複々線上では吊り掛けサウンドを楽しむことができなくなってしまった。

車体は8000系より若い5000系や5050系列であったが、10000系の増備が進むと8000系の玉突きで姿を消していった。

今でも複々線の区間を乗車の際は、懐かしの5000系統のうなり音が、心のなかで甦る人も多いのではないだろうか。

通勤車両のセイジクリーム塗装にあった深い事情

東武鉄道の長い歴史のなかで、車両の塗装変化にも注目をしたい。今でこそ、ステンレスのギラギラした車体に、オレンジ色のストライプが貼られている標準カラー（塗装）だが、過去にはさまざまなものがあった。

実は、そこにはしっかりとした理由がある。創業時から戦後直後までは、どの鉄道会社も電車は「ブドー色（茶一色）」というのがスタンダードであった。当時は、電車に明るい塗装をするという発想があまりなかったのかもしれない。

変化が訪れたのは、１９４９（昭和24）年に運行が開始された東上線の臨時列車「フライング東上号」からである。この列車は主に春と夏の行楽シーズンに運転されたもので、車両は32系という車両が使用されたが、車体は深紅《しんく》色に塗られていた。

その後、54系・53系に変更になって、ラッカーを使用した「濃い青色に黄色い帯」といった、カラーリングがしっかりした車体となった。

通勤車両がカラフルになり始めたのは、１９５８（昭和33）年頃、７８６０系車両を製造した際に通勤車両のカラーリングを一新させる方針が社内でもちあがった。

当時、東武沿線の宅地開発がなかなか進まず、宅地人気も上がらないことから、２代目社長である根津嘉一郎《ねづかいちろう》は悩んでいた。そんなとき、「通勤車両のカラーリングを、ブドー色（茶一色）から一新させて、イメージ向上につなげたほうが良い」と、国鉄の諮問委員会の委員で国鉄車両のデザインやパノラマカーに携わる関係者から、アドバイスを受けた。

さっそく、根津嘉一郎は、業平橋にて塗装試験車両を展示した。さすが社長、やることが早いと、関係者は皆感心したそうだ。

完成した７８６０系２両編成（８本）に、４種類のカラーリング（濃い緑色に白帯・黄色にオレンジ帯・オレンジ車体に黄色帯・ベージュ車体にオレンジ帯）案を試験的に塗装した。

最終的には、保守関係の都合からオレンジ車体に黄色帯「インターナショナルオレンジ＋ミディ

初の塗装試験車となった7860系を業平橋(現・とうきょうスカイツリー)に展示。在来のブドー色と塗装試験車両

4種類の塗装試験車両

アムイエロー」が標準色として決定した。

1961（昭和36）年、日比谷線直通用として2000系が、オレンジとベージュのツートンカラー（のちにカステラ塗装と呼ばれていた）で登場した。当初は地上専用車も同一のツートンカラーにする予定であったが、「地下車（日比谷線直通）と地上車（浅草行き）との乗り間違いが発生するかも」という懸念があり、しばらく区別したままで様子を見た。そして、1963（昭和38）年6月に、地上車も地下車と同一のツートンカラーになった。ちなみに筆者が物心ついた頃は、東武の電車といえば「ペールオレンジ（薄橙《うすだいだい》）」の「単色」であった。

これは「セイジクリーム」と呼ばれていたもので、「サルビア・ヤメンシスイエロー」という薬用サルビア（セージ）の山の華、花びらの色だそうだ。

せっかくきれいにオレンジとベージュのツートンカラーが施された東武の通勤車両であったが、これは1974（昭和49）年頃から社員の週休2日制（ただし隔週）となったことも関係している。近い時期に週休2日制が毎週になったら作業時間が少なくなり、車両が増えていくなかで検査が消化できない。塗装工程の作業時間を節約することで、全体の車両検査時間を確保するというものである。

検査に時間をかける「安全確保」はもちろん大事だが、車両のカラーリングは企業の看板そのものである。いわば、東武鉄道という看板を、作業時間短縮で「簡単に手書きで済ます」ということと同じになってしまう。

宇都宮線を行く7870系。クハ872＋モハ7872号他／1975(昭和50)年1月12日
野州平川〜新栃木

セイジクリーム色がずらりと顔を揃える／1977(昭和52)年　春日部検修区

1985年以降、ホワイトにブルーの帯が巻かれ、通勤車両の標準色となった。写真は野田線運河発船橋行き／2007（平成19）年3月9日　運河

電車は、社員にとって大事な相棒である。案の定この塗装には、「なぜクリームなのか？」「下地のような塗装をそのまま走らせて良いのか？」「広告を入れるのか」などの批判が出ていたようだ。

ある関係者は、「あれは、アジ電車対策だよ」という。アジ電車とは、労働組合が賃上げや待遇改善を会社側に要求するスローガンが書かれた電車のことである。特に春闘の時期が近づくと、国鉄の電車には「春闘勝利！」とか「当局参ったか！」などのスローガンが、電車の車体に殴り書きされていた。

このスローガンに使われた塗料は、主に「石灰」（グラウンドのライン引きに使われている）であり、経営と労働者の話し合いが妥結されると、すぐに落とせるものなのだ。もちろん、「ミニ国鉄」といわれた当時の東武鉄道にも強

8000系通勤車新塗装イメージ案1

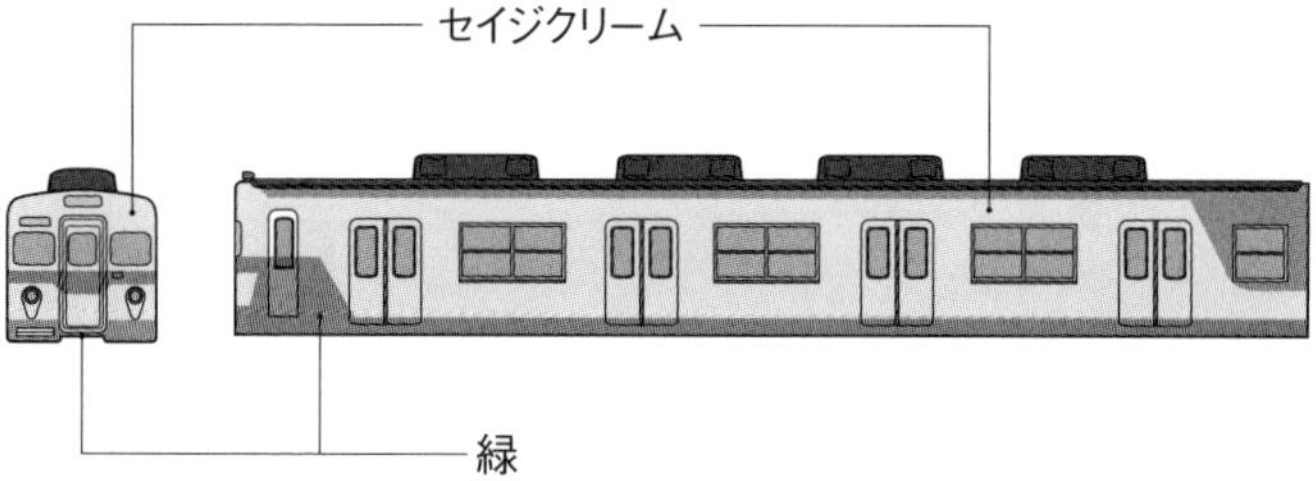

セイジクリームに緑の塗り分け。近郊型電車のようなカラーリング

8000系通勤車新塗装イメージ案2

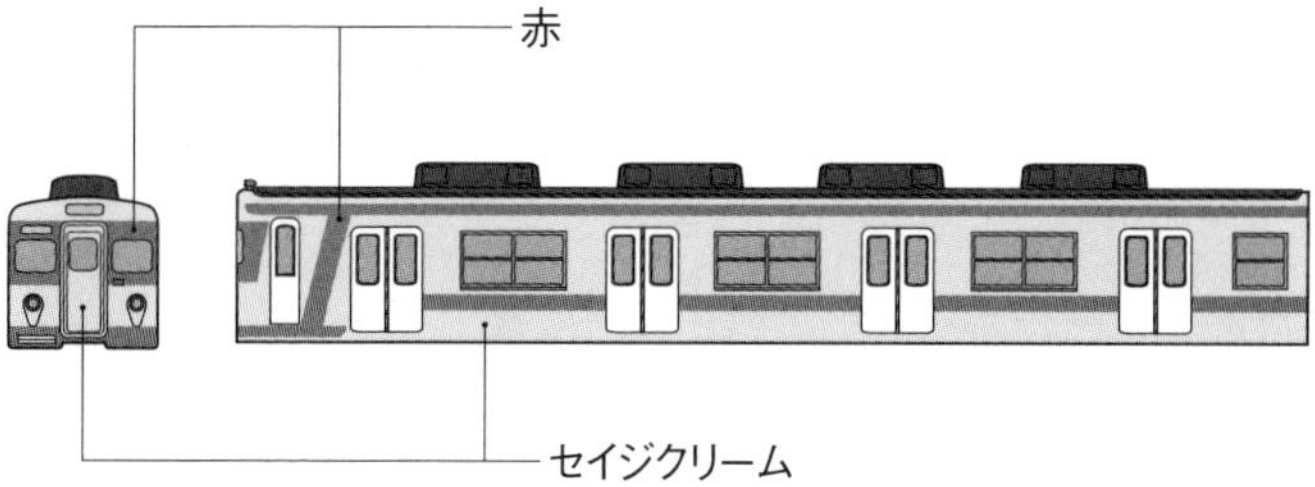

セイジクリームをベースに赤の帯が上下に入る。正面の塗り分けが国鉄急行型気動車のようだ

8000系通勤車新塗装イメージ案3

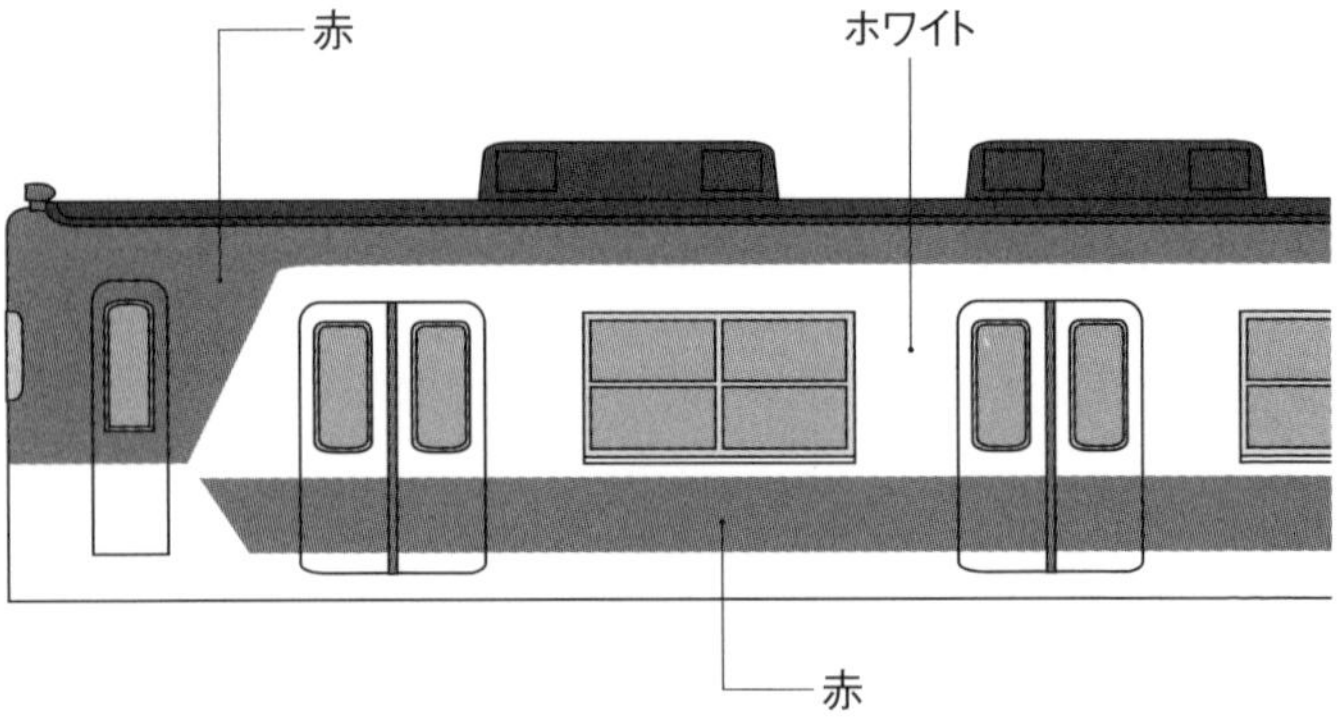

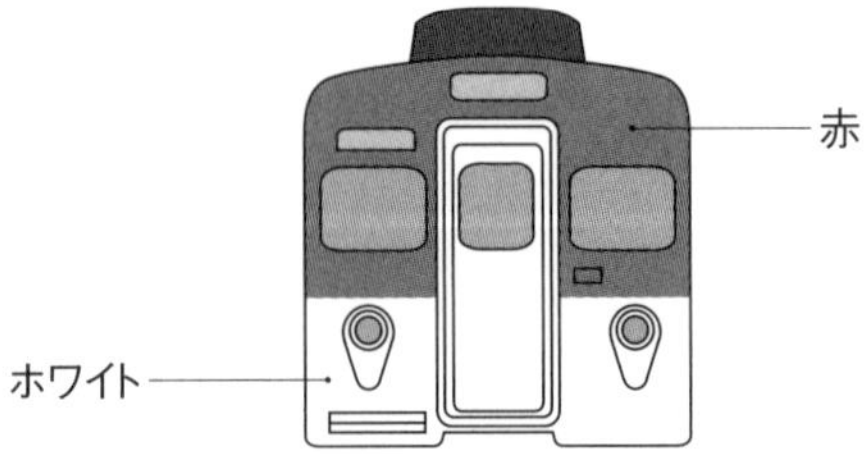

ホワイトを基調としているのが、決定版（ホワイトに青）のイメージに近い。正面の塗り分けから「赤帽」の愛称がつきそうだ

力な組織力をもつ組合があったが、車体にスローガンを書かれて走った電車はなかった。

元社員の話では、クリーム単色塗装にすると、石灰で書いたスローガンが目立たないのだという。本当かどうかはわからないが、セイジクリームにした時期と期間を考えれば、もしかしたらそういった理由もあるのかもしれない。

その後、1985(昭和60)年以降は、作業工程の簡略化よりもイメージアップのほうが重要という観点から、塗装変更をおこない、ホワイトにブルーの爽やかなカラーに一新された。この際、塗装変更案として、8000系をベースに考案された貴重な資料があり、花上氏にご開示いただいた(221〜222ページイラスト参照)。なお、日比谷線直通車両はセイジクリームのままであった、誤乗車の観点からという理由は、1961年当時と同じであった。

理由は異なるが、東武の通勤車のカラーリングの歴史は、時代情勢の変化とともにくり返してきたことがわかる。現在はステンレス車体ベースだが、今後もどのように変化していくのかを考えると、非常に興味深い。

そう簡単に廃車にはしない、使い倒しテクニックのあれこれ

鉄道業界において、車両はお客様に直接関わることになる設備であり、老朽化した車両は順次更新するのが常である。老朽化が目立ち始めた車両は廃車になり、新製車両を投入するのが手っ取り

早い方法であるが、車両の新製価格を考えると、そうそう購入することは容易ではない。

昭和時代に多くの鉄道事業者でおこなってきたのが、老朽化の目立ちだした車両の更新工事をおこない、新製車両とまではいかないまでも見栄えの良い車両とする方法である。

車両の更新方法にはいろいろなパターンが存在し、一見すると従来と変化がないものから、車体を新造、または一新してまったく異なるスタイルに生まれ変わるものまで、さまざまである。

では、近年の東武鉄道ではどのような更新工事がなされているのだろうか。延命工事で生き延びている車両で思いつく車両は多々あるが、私鉄最多の一系統712両も製造された8000系は、1963（昭和38）年に初めて製造されてから現在まで、消滅形式とならず使用されている車両である。

もっとも初期の車両は淘汰《とうた》されており、残っているのは後期に製造された車両がほとんどである。8000系は非冷房で誕生したグループの冷房化に始まり、大規模更新工事がおこなわれだしたのは昭和時代の終わり頃からで、電動方向幕化や車内の化粧板やシートなどが10000系と同様な色づかいとなった。

1987（昭和62）年度施工車から、さらに前面デザインを6050系に準じたデザインとし、登場時の面構えとまったく異なる顔立ちに変化した。車体こそ新造していないが、見事な変化を遂げた8000系である。

また過去には、5700系の非貫通車は前面の大規模改良をおこない、貫通型車に改良されてい

廃止を前に少なくなった原形の8000系（ジャスミンホワイトに塗装されたときには、冷房化が完了していた）　8127～8427号／2008（平成20）年8月7日　春日部支所

8000系800・850型ワンマン車本線を走る／2005（平成17）年7月8日　東向島

7800系6連(2+2+2両)各停浅草行き／1972(昭和47)年7月　せんげん台

特急「きりふり」300系6両／2006(平成18)年10月10日　下今市〜明神

る。車体を新造して更新する手法では、形式を変更して施工され、6000系の足回りを使用した650系のほか、200系も足回りは1720系を再利用した形式で、一部編成ではシートも再利用されていた。

過去には7800系を更新した5000系や5050系といった、一見8000系に化けた車両や、大正時代や昭和初期の車両の足回りを使用した3000系や3050系、元特急車を更新した3070系など、さまざまな車両の近代化工事がおこなわれた。

大規模更新工事以外にも、りょうもう号で長らく使用されていた1800系が抑速対応改造などを経て、300系や350系になり、新たな活躍の場を与えられたほか、外見はほぼそのままで、車内に簡易改造を施し通勤車両になった編成も存在した。

通勤車両に改造された編成はさすがに長続きすることはなかったが、いろいろな試みがおこなわれている時代があった。

日光と伊香保に存在した路面電車の、貴重な保存車両

東武鉄道は、鉄道事業者として電車はもちろん、復活運転で蒸気機関車とディーゼル機関車、会津鉄道から乗り入れる気動車と、さまざまなタイプの列車が走る。

過去には非電化であった熊谷線には気動車が走っていたため、自社においても運転士の養成がお

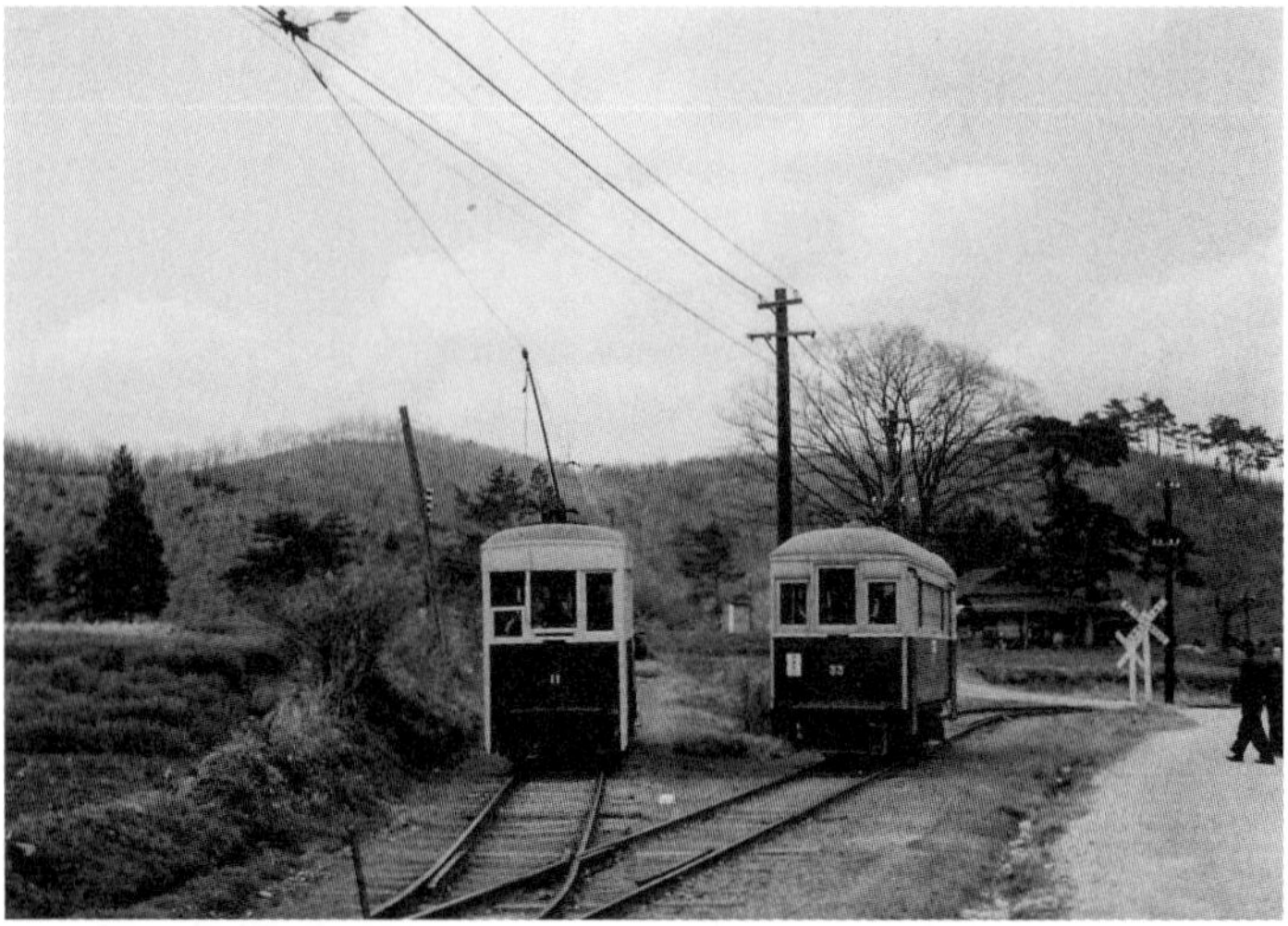

伊香保軌道線伊香保線　スイッチバック待避線のある六本松にて／1956(昭和31)年　撮影:田部井康修

昭和20年代後期の伊香保軌道線　伊香保　撮影:岡準二(花上嘉成 蔵)

日光軌道線　修学旅行は楽し／1954(昭和29)年　丹勢下〜清滝　撮影:岡準二(花上嘉成 蔵)

こなわれていたが、この蒸気機関車復活の際に、ディーゼル機関車も走ることになり、久しぶりの内燃車の免許取得となった。

東武鉄道には、これら鉄道事業以外に軌道事業に取り組んでいた時代があり、伊香保《いかほ》軌道線と日光軌道線が運行されていた（6ページ参照）。

伊香保軌道線は、明治時代に開業した馬車鉄道を起源として、東京電燈《でんとう》が保有していたが、1927（昭和2）年に東武鉄道が買収した。前橋駅前〜渋川駅前間の前橋線、高崎駅前〜渋川新町間の高崎線、渋川駅前〜伊香保間の伊香保線の3路線で構成されていた。

しかしながら経営状況は厳しく、1953（昭和28）年に高崎線と前橋線の一部、翌年に前橋線の残っていた部分が廃止され、伊香保線のみが最後まで頑張って運転していたが、1956（昭和31）年に赤字を理由に廃止され、伊香保軌道線は

日光軌道線　夏の日光らしい雰囲気があった東武日光駅前／1961（昭和36）年8月

日光軌道線　冬の駅前風景／1967（昭和42）年2月　国鉄日光駅前

全廃となってしまった。

廃止後、車両や設備などのほとんどが処分されてしまったが、県内で個人所有となり保存されていた車体と、こちらも個人所有であった豊橋鉄道モハ301の台車とを組み合わせ、復元がおこなわれ、伊香保温泉峠の公園で保存されている。

復元にあたっては、当時東武博物館の名誉館長であった花上嘉成氏が東奔西走《とうほんせいそう》し、車内機器は横浜市に協力を要請するなど、かなりの苦労があったとうかがう。伊香保温泉へ行く機会があったら、ぜひご覧いただきたい。

また、伊香保軌道線の車両で特筆すべきは、勾配《こうばい》の激しい過酷な区間を運行するにあたって、電磁吸着ブレーキを装備していたことで、日本では最初の装備であった。

一方、日光軌道線は日光駅前と馬返《うまがえし》駅を結ぶ路線である。馬返駅で日光鋼索《こうさく》鉄道線へ連絡し、中禅寺湖《ちゅうぜんじこ》方面への観光客や、途中にある東照宮や工場への旅客の足として、1910(明治43)年に開業した路線だ。

路面電車としては珍しく、貨物輸送も開業時からおこなわれていた。戦後自動車の普及によって、1968(昭和43)年2月24日限りで廃止され、東武鉄道の軌道事業はなくなってしまった。使用されていた車両のうち200形が東武博物館に保存されているほか、100形全車が岡山電気軌道に譲渡され、第二の働き場所として活躍し、現在も2両が現役である。

岡山で廃車になった8両のうち、2両が日光市に保存されており、そのうちの1両がこのほど東武日光駅前に保存された。こちらも、日光観光の際にはぜひご覧いただきたい。

一般道を機関車に牽引された貨物列車が走っていた！

東武鉄道といえば、今やスペーシアをはじめ、電車で旅客輸送をおこなう鉄道会社であるが、かつては貨物輸送や荷物輸送を鉄道でおこなっていたことはすでに述べたとおりである。貨物列車を牽引する機関車は、創業時の蒸気の時代から、電気機関車へと変化はしながらも、昭和時代は多数の機関車を所有していた。

貨物列車は伊勢崎、日光線系統のみならず東上線系統や野田線でも走っており、牽引にあたる機関車は杉戸、館林、坂戸などの機関区を寝ぐらとしていた。そのため各機関区では、運用の合間に電気機関車の休む姿を見ることができた。

東武鉄道で輸送されていた貨物でとくに多かったのが石灰石、砕石のセメント類の貨物でさらに、小麦粉や醤油、ビール、石油類等といった貨物も盛んに輸送がおこなわれていた。

これら貨物による輸送では、旅客扱いをおこなわない貨物用の路線が存在し、私鉄でありながら、国鉄などで多く見られた事業主による専用線が接続していた。

佐野線の葛生周辺は、セメント等の原料となる石灰石や砕石などの一大産出地で、東武鉄道所有の貨物線、会沢《あいさわ》線や大叶《おおがの》線のほか、日鉄鉱業専用鉄道が上白石《かみしらいし》駅（貨物駅）より分岐していて、東

蒸機貨物列車が盛んな頃／1960（昭和35）年　草加

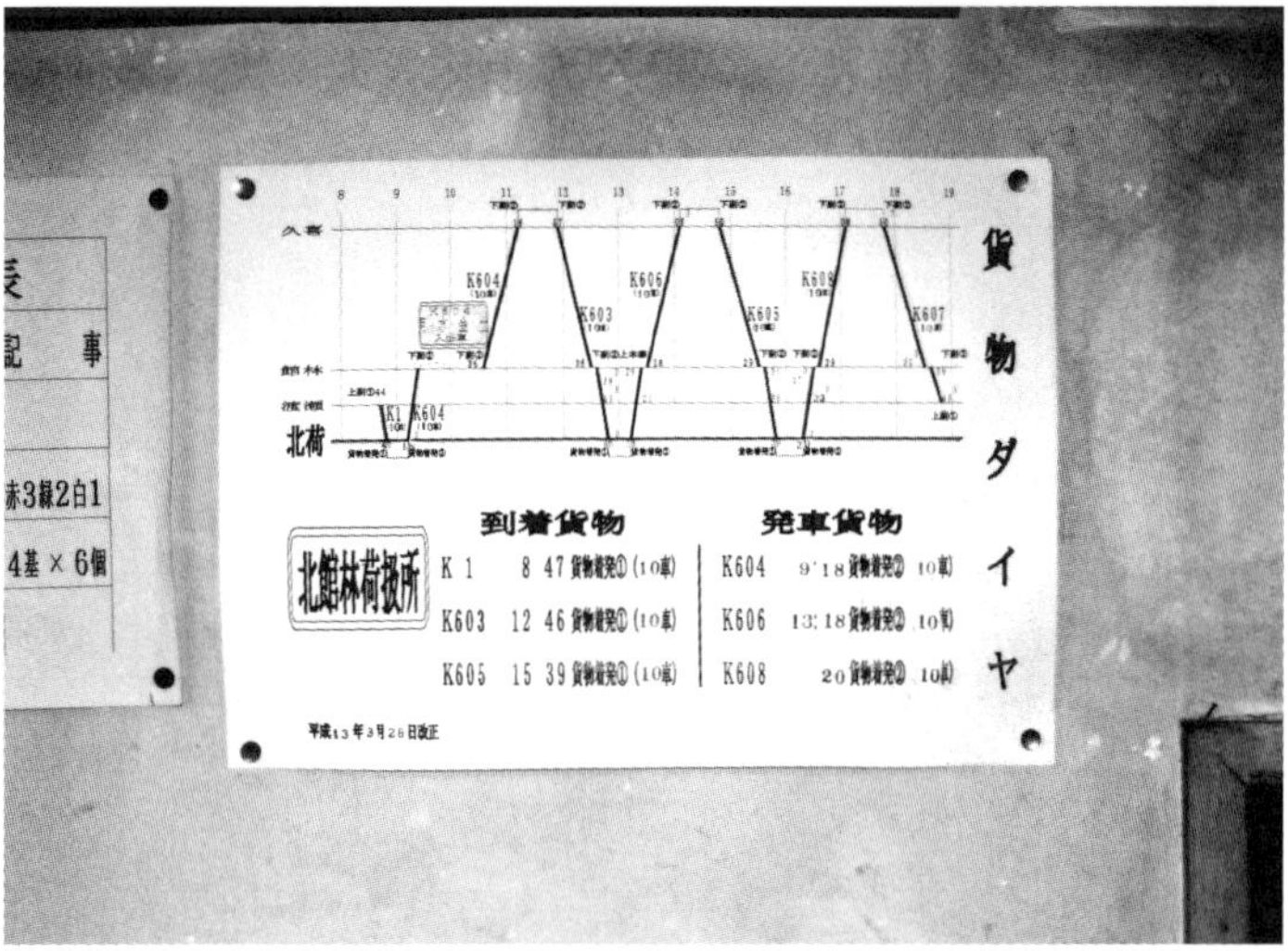

北館林荷扱所の貨物ダイヤ表／2003（平成15）年9月26日

転轍機のテコ／2003（平成15）年9月26日　北館林荷扱所

現在は廃車車両の解体場になっている北館林荷扱所／2003（平成15）年9月26日

武鉄道が蒸気機関車を全廃後も、ディーゼル牽引の貨物列車が活躍し、ファンを楽しませている。

東武鉄道の面白いところでは、日光軌道線でも貨物輸送がおこなわれていて、一般道路上を国鉄から直通した貨物が機関車に牽引され、ゴロゴロと清滝《きよたき》まで走っていた。

一般道路上を走る貨物列車は北九州などで見ることはできたが、関東では珍しい光景であった。この日光軌道線で牽引にあたった電気機関車は元国鉄の機関車で、碓氷峠《うすいとうげ》で使用されたアプト式のＥＤ40であった。

2両が活躍していたが、1955（昭和30）年にＥＤ611の導入で活躍の場を譲り、1両が予備機として残った。この予備機として残った1両は、現在大宮の鉄道博物館で保存されている。

一方、ＥＤ611は日光軌道線廃止後、栗原電鉄に活躍の場を移した。同電鉄廃止後は、日光市に戻っている。長らくおこなわれていた東武鉄道の貨物輸送は、国鉄と同様に昭和40年代後半より衰退の道をたどり、道路網整備による車扱い貨物の自動車転換などのあおりを受け、廃止されてしまった。東武鉄道の線路の上から機関車も一度は消えたが、蒸気機関車の運行にともない、再び機関車が復活していることは、非常に喜ばしいことである。

外国生まれの機関車が東武鉄道の主役だった頃

2017（平成29）年8月10日、鬼怒川線下今市《しもいまいち》〜鬼怒川温泉間で、蒸気機関車の営業運転を開始した。

東武鉄道では実に51年ぶりの蒸気機関車で、大手私鉄において初となる復活であった。運行にあたる蒸気機関車は、ＪＲ北海道より借り入れたＣ11 ２０７号のみであったが、北海道の個人宅で保管されていた元江若《こうじゃく》鉄道（１９５７〈昭和32〉年に雄別炭礦《ゆうべつたんこう》鉄道へ譲渡）のＣ１１１号と、さらに真《も》岡鐵道《おかてつどう》よりＣ11 ３２５号を譲受している。

Ｃ１１１号は復元作業中であるが、Ｃ11 ３２５号は真岡鐵道でのさよなら運行を終え、東武線内で運行できるよう整備を進めてきた。

２０２０（令和２）年11月に発表された東武鉄道の記事では、整備が終了したことが確認されており、次月の12月26日からＳＬ大樹としてデビューした。そのため、ＪＲ北海道から借り入れているＣ11 ２０７号の今後が気になるところである。

Ｃ１１１号を含め、Ｃ11形蒸気機関車は私鉄である東武鉄道と一見無関係と思う人もいたかもしれないが、東武鉄道にもかつてＣ11タイプの蒸気機関車を所有していた時代があった。１９４５（昭和20）年に日本車輌で製造されたＣ１１２号は、ほぼ同系体の蒸気機関車で、奥多摩電気鉄道の発注流れにより、東武鉄道が導入した。当時、東武鉄道では外国生まれの蒸気機関車が活躍するなか、Ｃ11タイプはこの１両のみで貴重な存在であったが、１９６３（昭和38）年に廃車となり解体されてしまった。

東武鉄道で蒸気機関車がすべて引退したのは１９６６（昭和41）年６月のことで、佐野線の貨物

明治期の東武鉄道　杉戸（黒岩保美蔵）

輸送が最後の活躍の場であった。最後まで残っていた蒸気機関車は、ピーコック製の30、31、34号、シャープ・スチュアート製の39と40号機の5両で、同年6月26日には34号機が54系電車を客車の代用として牽引したさよなら列車が、佐野線・館林《たてばやし》〜葛生間で運行された。

東武鉄道で蒸気機関車が全盛期であった頃は、国産機より外国製のテンダー（炭水車）付き機関車がたくさん活躍しており、東武鉄道の蒸気機関車といえば、これらを連想する読者も多いことと思う。

東武鉄道の最後を飾った先のピーコックやシャープ・スチュアートのほか、ネルソンやウイルソン、ダブス、クラウスなどさまざまな蒸気機関車が活躍していた。電車の運行がメインながら、貨物輸送は蒸気機関車が主に活躍していたほか、非電化区間の矢板《やいた》線（1959〈昭和34〉年に廃止）

では、客貨混合列車の先頭に立っていた。

外国製の蒸気機関車は東武博物館をはじめ、多くが静態保存されており、今回の復活とはならなかったのは残念であるが、末永く東武鉄道の歴史を語り続けてもらいたい。

●花上嘉成氏提供の資料や写真をはじめ、以下の資料を参考にさせていただきました

『波瀾万丈！東武鉄道マン記』花上嘉成（交通新聞社新書）
『東武鉄道百年史』（東武鉄道社史編纂室　編　東武鉄道株式会社）
『東武博物館だより』各号（東武博物館）
『私鉄電車ビジュアルガイド東武鉄道』（東武電車研究会編著　東武鉄道株式会社協力）（中央書院）
『鉄道ピクトリアル５３７号』（１９９０年12月臨時増刊号）特集：東武鉄道（電気車研究会・鉄道図書刊行会）
『鉄道ピクトリアル７９９号』（２００８年1月臨時増刊号）特集：東武鉄道（電気車研究会・鉄道図書刊行会）
『鉄道ピクトリアルアーカイブスセレクション23』（平成24年12月）東武鉄道１９５０～60（電気車研究会・鉄道図書刊行会）
『鉄道ピクトリアルアーカイブスセレクション27』（平成26年３月）東武鉄道１９７０～80（電気車研究会・鉄道図書刊行会）
『鉄道ピクトリアル９４９号』（２０１８年８月臨時増刊号）特集：東武鉄道（電気車研究会・鉄道図書刊行会）
『鉄道ピクトリアル９５９号』（２０１９年５月号）特集：私鉄の63形電車（電気車研究会・鉄道図書刊行会）
『鉄道ピクトリアル９８５号』（２０２１年５月号）特集：私鉄の夜行列車（電気車研究会・鉄道図書刊行会）
『東武鉄道の世界・トラベルＭＯＯＫ』（平成27年4月）交通新聞社
『東武鉄道のひみつ』（ＰＨＰ研究所　東武鉄道協力）
『東武の鉄道車両　90年の歩み　写真集』（編集・発行　東武鉄道株式会社）
『鉄道まるわかり００４　東武鉄道のすべて』（編者：「旅と鉄道」編集部　発行：天夢人）
『私鉄車両編成表２０２０』（ジェー・アール・アール編・交通新聞社）
『小田急１８００形』（２０１８年７月）（戎光祥出版）

渡部史絵 わたなべ・しえ

埼玉県出身。鉄道ジャーナリストとして、雑誌『鉄道ファン』の連載をはじめ、テレビ、ラジオ、新聞、雑誌、講演などで鉄道の魅力を発信している。著書に『地下鉄の駅はものすごい』(平凡社)、『関東私鉄デラックス列車ストーリー』(交通新聞社)、『譲渡された鉄道車両』(東京堂出版)、『東京メトロ 知られざる超絶!世界』(小社刊)ほか多数ある。

花上嘉成 はなうえ・よしなり

1940年、東京都生まれ。東武鉄道入社後、運転車両部、館林検修区助役、春日部検修区助役、七光台検修区長、大宮駅長、営業部旅客サービス課課長補佐、北千住駅長、浅草駅長などを歴任。2000年に東武鉄道を定年退職。東武博物館館長、同館名誉館長をつとめた。著書に『波瀾万丈!東武鉄道マン記』(交通新聞社)などがある。

誰も書かなかった東武鉄道

二〇二一年五月三〇日 初版発行
二〇二一年七月一〇日 2刷発行

著　者――渡部史絵
協　力――花上嘉成
企画・編集――株式会社夢の設計社
東京都新宿区山吹町二六一 郵便番号一六二―〇八〇一
電話 (〇三)三二六七―七八五一(編集)
発行者――小野寺優
発行所――株式会社河出書房新社
東京都渋谷区千駄ヶ谷二―三二―二 郵便番号一五一―〇〇五一
電話 (〇三)三四〇四―一二〇一(営業)
https://www.kawade.co.jp/
DTP――アルファヴィル
印刷・製本――中央精版印刷株式会社
Printed in Japan ISBN978-4-309-28889-5